Gunhild von der Recke

Die besten Eintöpfe aus aller Welt

Rat und einfach-raffinierte Rezepte

Gräfe und Unzer

Titelbild
Der notwendige Zeitaufwand für den rumänischen Gemüsetopf »Ghivetch National« lohnt sich, denn das Ergebnis ist köstlich. Rezept Seite 33.

2. Umschlagseite
»Nigerianischer Eintopf« wird mit dem leicht bitteren Kurkuma apart gewürzt. Rezept Seite 11.

3. Umschlagseite
Bohnen, Paprikaschoten, Tomaten und Zwiebeln gehören in »Hackepeters Gemüsetopf«. Rezept Seite 48.

4. Umschlagseite
Die Bilder zeigen von links oben nach rechts unten: »Möhreneintopf mit Lammfleisch«, Rezept Seite 59, »Rheinischer Bauerntopf«, Rezept Seite 43, »Irish Stew«, Rezept Seite 20, »Nigerianischer Eintopf«, Rezept Seite 11.

Farbfotos: Foto-Studio Teubner, Füssen
Zeichnungen: Ingrid Schütz, München

Nachdruck, auch auszugsweise, ohne ausdrückliche Genehmigung des Verlages nicht gestattet.
© Gräfe und Unzer GmbH, München
Redaktion: Nina Andres
Umschlaggestaltung: Constanze Reithmayr-Frank
Satz und Druck: Georg Appl, Wemding
Reproduktion: Brend'amour, München
Bindung: R. Oldenbourg, Heimstetten

ISBN: 3-7742-4614-9

Gunhild von der Recke

hat Publizistik und Theaterwissenschaft studiert und nach Besuch einer bekannten Münchner Schauspielschule lange Jahre erfolgreich auf der Bühne gestanden. Nach ihrer Heirat und der Geburt des Sohnes verlagerte sie das künstlerische Können an Heim und Herd. Mit Lust, Liebe und dem in der Jugend bei den Großmüttern erlernten Kochwissen verwöhnte sie mit großem Erfolg die Familie und viele Gäste. Später machte sie das Hobby zum Beruf, schaute auf zahlreichen Auslandsreisen in fremde Töpfe und entwickelt heute raffinierte Rezept-Ideen für vielerlei Publikationen.

Sie finden in diesem Buch

3

Sie finden in diesem Buch

Ein Wort zuvor

Meine Vorliebe für Eintöpfe fing schon in der Kindheit an, als Hildchen, unsere resolute Hilfe im Haushalt, für meine Brüder und mich kochte, wenn die Eltern verreist waren. Sie brachte deftige westfälische Kost auf den Tisch. Noch heute habe ich den würzigen Duft ihrer Gerichte in der Nase und ihren Ruf in den Ohren: »Kinners, Pfoten waschen, Pott steht auf'm Tisch«.

Als mir der Vorschlag gemacht wurde, ein Buch über Eintöpfe zu schreiben, fand er spontan meine volle Zustimmung. Denn nach wie vor mag ich Eintöpfe, koche sie für mein Leben gern und werde sie genausowenig leid wie ein frisch gestrichenes Butterbrot.

Heute stehen Eintöpfe ja wieder hoch im Kurs, nachdem sie lange Zeit als »Armeleuteessen« galten. Ein mit frischen, wohl abgestimmten Zutaten raffiniert gewürzter und mit Liebe gekochter Eintopf kann geschmacklich die teuerste Delikatesse übertreffen und kommt auch bei den verwöhntesten Feinschmeckern an. Deshalb trage ich seit Jahren Rezepte von überallher zusammen, koche zu Hause kulinarische Ferienerinnerungen nach, wandle die Zutaten auf das hiesige Angebot ab und erfinde gelegentlich neue Variationen.

Nun aber für alle, die es ganz genau wissen wollen: Eintöpfe sind Gerichte, die in einem Topf oder in einer Pfanne auf dem Herd oder im Backofen langsam gekocht oder geschmort werden. Nicht zu verwechseln mit Aufläufen, die mit vorgegarten, in eine Form geschichteten Zutaten überbacken werden.

Hier ist jetzt der umfassende Ratgeber für alle, die Eintöpfe gerne besonders gut zubereiten möchten. Sie finden Rezepte für Eintöpfe nach Hausmanns-Art, deftige für kalte Wintertage und leichte für den Sommer, die auch kalt gut schmecken. Eintöpfe mit und ohne Fleisch, mit Fisch, Wild und Geflügel, die sich sogar bei festlichen Anlässen sehen lassen können. In jedem Fall echte Eintöpfe, die allenfalls im Nachhinein mit gehackten frischen Kräutern, mit gebräunten Zwiebeln, gebratener Wurst, ausgelassenem Speck oder etwas Sahne vollendet werden.

Außerdem enthält dieser Küchen-Ratgeber Hinweise für die besonderen Eintopf-Zutaten und den richtigen Einkauf. Da es gerade für Gemüse im deutschsprachigen Raum und auch regional die unterschiedlichsten Bezeichnungen gibt, führe ich auch diese auf, damit Sie überall kaufen können, was ich verwende.

Übrigens, Eintöpfe sind »Ein-Gang-Mahlzeiten«, die man höchstens mit einem frischen Salat davor und etwas Obst oder einem Stück Käse danach erweitern sollte. Frisches Bauernbrot oder französisches Stangenweißbrot aber sind in jedem Fall eine hervorragende Ergänzung.

Zum Schluß möchte ich Ihnen meinen Geheimtip nicht vorenthalten: Servieren Sie bei Ihrer nächsten Party einmal »nur« drei verschiedene Eintöpfe. Sie können am Tag zuvor zubereitet werden, denn aufgewärmt schmekken sie am besten. Der Abend wird bestimmt ein voller Erfolg, ich habe es mehrmals ausprobiert.

Alsdann, viel Spaß beim Kochen und guten Appetit!

Ihre Gunhild von der Recke

Vor dem Start zu lesen

Neue Geräte müssen nicht sein

Auch für passionierte Eintopfköche ist es nicht notwendig, neue Küchengeräte anzuschaffen. Scharfe Messer, Kartoffelschäler, Wiegemesser, Holzbrett, Plastikbrettchen, Kochtöpfe und Pfannen sind meist in jedem Haushalt vorhanden, und damit läßt sich schon gut hantieren.

Darüberhinaus leisten ein gußeiserner Schmortopf und eine große Pfanne mit hohem Rand ohne Holz- und Plastikgriffe, die man auch gut in den Backofen stellen kann, ausgezeichnete Dienste. Bunte Gemüseeintöpfe sehen besonders hübsch aus, wenn sie in feuerfesten Glastöpfen zubereitet und angerichtet werden. Auch schlichte oder bunt glasierte Tontöpfe bieten sich für rustikale Gerichte an. Der hochgelobte Schnellkochtopf ist besonders für lange zu garendes Fleisch wie Rinderzunge, Kutteln und vieles andere mehr von großem Vorteil. Echten Eintopfgerichten sollte man aber viel Zeit lassen, denn bei schwacher Hitze gehen die einzelnen Zutaten auf gemütliche Art eine innigere Verbindung ein und sind dann von ausgezeichnetem Geschmack.

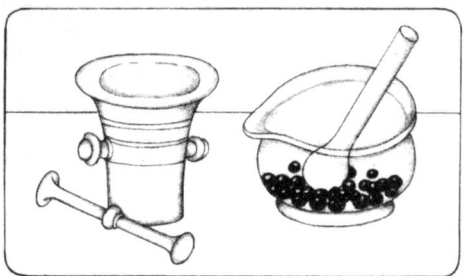

Mörser aus Porzellan oder Glas sind zum Zerstoßen von Gewürzen oder Zermusen von Kräutern praktisch.

Sehr nützlich sind ein Mörser aus Glas oder Porzellan zum Zerstoßen von Gewürzen und Kräutern und 2 Pfeffermühlen für weiße und schwarze Pfefferkörner. Frischgemahlener Pfeffer würzt die Speisen viel edler als fertig gemahlener Pfeffer aus der Tüte. Und wenn Sie knoblauchfreundlich gesonnen sind, sollten Sie sich eine Presse für das würzige Lauchgewächs anschaffen. Sie funktioniert großartig und das lästige Feinhacken entfällt.

Richtig würzen ist wichtig

Eintöpfe sollten gut gewürzt, aber nicht überwürzt auf den Tisch kommen. Raffiniert aufeinander abgestimmte Gemüse, zum Beispiel, entwickeln schon so viel Geschmack, daß man ihnen nicht zuwürzen sollte. Auch mit den unerläßlichen aromatisch duftenden Küchenkräutern heißt es bei den meisten Gerichten nicht zu großzügig umzugehen, denn sie sollen den Wohlgeschmack nur sanft und fein abrunden. Aber für die Saucen, die zu einigen Eintopfessen unbedingt gehören, können Sie ganze Hände voll Kräuter hacken und da brauchen Sie auch mit schärferen Gewürzen nicht sparsam zu sein.

Als eifrige Balkongärtnerin kann ich Ihnen nur wärmstens empfehlen, eine kleine Kräuterzucht in Blumentöpfen oder Kästen anzulegen. Gartenfrische Kräuter sind nicht nur für Eintöpfe eine feine Sache. Mein Rosmarinstock, den ich vor Jahren in der Toskana ausgegraben habe, ist bereits zu einem kleinen Baum angewachsen. Er mag allerdings keine Kälte und überwintert deshalb drinnen auf dem Küchenfensterbrett. Estragon und Liebstöckel bleiben draußen und treiben treu in jedem Frühjahr wieder kräftig aus. Basilikum, Dill und Persilie säe ich im April gleich in die Kästen. Thymian, Majoran, Bohnenkraut, Oregano, Zitronenmelisse und Salbei kaufe ich nach den Eisheiligen auf dem Markt als kleine Pflänzchen. Bis zum Sommer wuchern sie so üppig, daß ich genug für den Winter einfrieren und auch meine Freunde reichlich mit Kräutersträußchen erfreuen kann. Nur mit Schnittlauch habe ich kein Glück. Fünf Jahre lang habe ich in jedem März einen Schnittlauchtopf erstanden und ihn freundlich

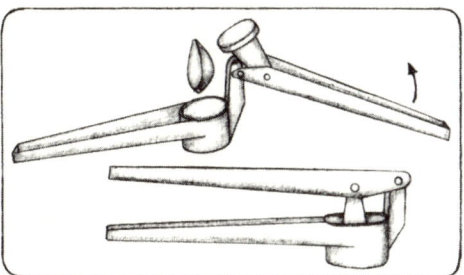

Die Knoblauchpresse ist ein praktischer Helfer, denn die Knoblauchzehen können damit auch ungeschält gepreßt werden.

gepflegt, aber schon nach kurzer Zeit sah er gelb und mickrig aus, und der grüne Nachwuchs war recht spärlich. Ich habe deshalb die Schnittlauchzucht aufgegeben und kaufe nun jeden Bund beim Händler.

Die meisten in der Küche gebräuchlichen Kräuter gibt es aber auch getrocknet in Kaufhäusern und Feinkostgeschäften. Besorgen Sie getrocknete Kräuter immer nur in möglichst kleinen Mengen, oder teilen Sie ein größeres Quantum unter Nachbarn oder Freunden auf, denn die Würzkraft läßt bei längerem Stehenlassen nach und Ihre Gerichte schmecken nicht mehr aromatisch, sondern muffig und nach Stroh. Denken Sie daran, daß getrocknete Kräuter, solange sie Würzkraft haben, oft stärker würzen als die frischen. In der Regel genügt die Hälfte der angegebenen Menge frischer Kräuter.

Die wichtigsten Küchenkräuter und Gewürze

Nachstehend gebe ich Ihnen einen Überblick über die wichtigsten Küchenkräuter und Gewürze, die begeisterte Eintopfköche haben oder solche, die es werden wollen, zumindest nach und nach anschaffen sollten: Basilikum, Bohnenkraut, Borretsch, Cayennepfeffer, Estragon, Fenchel, Knoblauch, Kümmel, Lorbeerblätter, Majoran, Muskatnuß, Nelke, Oregano, Paprikapulver mild und scharf, Piment, Rosmarin, Safran, Salbei, Thymian und Wacholderbeeren.

Schnittlauch, Dill und Petersilie sollten Sie immer frisch kaufen (es sei denn, Sie haben Kräuter-Glück im Garten oder auf dem Balkon), denn getrocknet schmecken sie nicht so gut. Tiefgefroren aber schmecken sie fast wie frische Kräuter.

Im Laufe der Zeit werden Sie Ihr Gewürzregal sicher auch noch mit Curry, Safran, mit Sojasauce und Tabascosauce auffüllen. Bestimmt wissen Sie auch, daß man mit einem Schuß Alkohol besonders pikant verfeinern und abrunden kann; deshalb ist es immer gut, wenn ein trockener Sherry, ein Madeirawein und ein klarer Schnaps vorhanden sind. Der Wein, den Sie zum Kochen verwenden, sollte immer sauberer, herber, weißer oder roter Landwein sein, allerdings keinesfalls eine Spitzenqualität, von ganz wenigen Ausnahmen abgesehen. Und nach der alten Regel, daß man den Wein, der verkocht wird, auch gut zu dem Gericht trinken kann, bleiben keine Weinreste, die schlecht werden könnten.

Der richtige Einkauf

Eintöpfe sollen keine Spartöpfe sein, in denen alle möglichen Restbestände weichgekocht werden. Kaufen Sie vor allem das Gemüse immer ganz frisch und der Jahreszeit entsprechend ein, dann schmeckt es am besten und ist noch preiswert dazu. Nutzen Sie die Schwemmen und Sonderangebote zur Haupterntezeit aus.

Holzige Kohlrabi, harte Bohnen, schrumpelige Möhren und vergilbter Wirsing verderben jedem Feinschmecker den Appetit. Natürlich können Sie Dank moderner Transportmittel, der rührigen Tiefkühl- und anderer Konservierungsindustrie jedes Gemüse zu jeder Jahreszeit bekommen. Aber muß das wirklich sein, Spargel im Winter oder Grünkohl im Frühling? Ich meine, daß dadurch der natürliche Rhythmus ganz schön durcheinander gebracht und einem die Freude auf das knackfrische Gemüse im Frühling, Sommer, Herbst und im Winter genommen wird. Mir schmecken die schwindsüchtigen Gurken und die wäßrigen Tomaten zur Unzeit jedenfalls nicht.

Wenn ich bei einigen Rezepten die geschälten Tomaten aus der Dose bevorzuge, ist das kein Zugeständnis. Die Früchte sind in vollausgereiftem Zustand geerntet und konserviert worden und deshalb von hervorragend frischem Aroma. Das gleiche gilt auch für tiefgefrorene Erbsen. Sie verlieren bei richtig eingehaltener Kochzeit, die immer auf der Packung angegeben ist, nicht ihre Form und behalten die schöne grüne Farbe. Da es gerade für Gemüse im deutschsprachigen Raum und auch regional die unterschiedlichsten Bezeichnungen gibt, nenne ich auch die anderen Namen, damit Sie überall kaufen können, was ich verwende.

So sagt man anderswo

Auberginen: Eierfrüchte, Melanzane
Bleichsellerie: Staudensellerie, Stangensellerie, Stielsellerie
Blumenkohl: Karfiol, Käsekohl, Traubenkohl, Brüsseler Kohl
Broccoli: Bröckelkohl, Brockerln, Spargelkohl
Champignons: Egerlinge, Edelpilze
Chicorée: Brüsseler Endivie, Witloff
Chinakohl: Pekingkohl, Pe Tsai, Selleriekohl
Dicke Bohnen: Puffbohnen, Saubohnen, Pferdebohnen, Ackerbohnen
Fenchel: Finocchi
Grünkohl: Braunkohl, Krauskohl, Winterkohl, Blätterkohl
Kartoffeln: Erdäpfel, Pommes de terre
Knollensellerie: Wurzelsellerie, Mark, Merk, Zeller
Kohlrabi: Oberrüben, Oberkohlrabi
Kohlrüben: Steckrüben, Erdrüben, Schmalzrüben
Bodenkohlrabi: Dorschen, Wruken, Kullochen
Kopfsalat: Blattsalat, grüner Salat, Lattich
Lauch: Breitlauch, Beißlauch, Porree, spanisch Lauch
Mais: Kukuruz, Corn, Welschkorn
Möhren: Mohrrüben, Karotten, gelbe Rüben, Goldrüben, Wurzeln, Rüebli
Paprikaschoten: Gemüsepaprika
Pfifferlinge: Eierschwämme, Reherl, Dotterpilze, Gelchen
Römischer Salat: Bindesalat, Kochsalat, Sommerendivie
Rosenkohl: Sprossenkohl, Sprottenkohl
Rote Bete: rote Rüben, Salatrüben, Rannen, Randen
Rotkohl: Rotkraut, Blaukraut, roter Kappes
Schalotten: Eschlauch, Askalonzwiebeln
Tomaten: Liebesapfel, Paradeiser

Weiße Rüben: Teltower Rübchen, Jettinger Rüben, Sellrainer Rüben
Weißkohl: Weißkraut, Kappes, Kabis, Kraut
Wirsing: Welschkraut, Börschkohl, Savoyer Kohl, Mailänder Kohl, Wirz
Zucchini: Zucchetti, Courgetten, kleine Kürbisfrüchte
Zwiebeln: Bollen, Zipollen

Bei Fleisch brauchen Sie nicht die teuersten Stücke zu kaufen. Aus frischem oder geräuchertem Schweinebauch, Brust und Nacken lassen sich köstliche Gerichte schmoren; Rinderrippe, Beinscheiben und Ochsenschwanz geben Eintopfgerichten die richtige Würze. Zarte Lammbrust oder Stücke vom Kamm mit Gemüse zusammen gekocht sind eine Delikatesse für Kenner. Durch herzhafte Würste bekommen viele Eintöpfe erst den letzten Pfiff.

Wenn Sie frisches Geflügel günstig bekommen können, greifen Sie zu. Das frische Fleisch schmeckt feiner und bleibt auch saftiger. Aber ich habe auch mit tiefgefrorenen Hühnchen und Hähnchen gute Erfahrungen gemacht. Fisch hingegen sollten Sie, wenn es irgendwie möglich ist, immer nur frisch kaufen.

Eintopfessen zu allen Anlässen

Eintöpfe schmecken immer, bei jeder Gelegenheit. Sie sind geeignet für Feste und einfache Familienmahlzeiten. Sie lassen sich ungemein gut vorbereiten und die meisten schmecken aufgewärmt nur noch besser. Das liegt daran, daß mehr Flüssigkeit verdampft, die Konsistenz fester und das Gericht dadurch konzentrierter wird. Viele lassen sich ausgezeichnet einfrieren und zu einem späteren Zeitpunkt ohne Mühe wieder erhitzen.

Eintopfgerichte sind ideal für die Gästebewirtung. Der geplagte Gastgeber muß nicht bis zum letzten Moment am Herd stehen und dann mehrmals von der Küche zum Tisch jagen. Ein Labsal ist ein Eintopf für die ganze Familie, wenn sie nach einer Wanderung oder Radtour müde und hungrig nach Hause kommt. Sehr angebracht sind sie für Partys mit jungen Leuten, die unglaublich viel vertilgen können. Beruhigend bei einem Diskussionsabend oder einer Wahlparty, wenn sich die Gemüter erhitzt haben oder die Spannung nachläßt und der Magen sein Recht fordert. Erfreulich für ein Familienmitglied, das nach längerer Abwesenheit heimkehrt, die Restaurant- oder Mensaesserei gründlich leid ist und nach Hausmannskost lechzt. Eine nette Idee für Freunde, die Reiseerinnerungen austauschen wollen und dabei den Spezialtopf des Ferienlands auf dem Tisch finden. Willkommen bei Singles, die gerne essen, denn Eintöpfe lassen sich schlecht in kleinen Mengen zubereiten. Empfehlenswert nach einer Reihe von Feiertagen, wenn einem der Sinn nicht mehr nach Festmenüs steht. Originell bei einem Gartenfest oder Grillabend, einen kalten oder warmen Eintopf als »Überraschung« zu reichen.

Möglichkeiten über Möglichkeiten, »Zusammengekochtes« richtig an den Mann zu bringen. Eintopfessen schaffen eine zwanglose gemütliche Atmosphäre, sie erwärmen wohlig den Magen und das Gemüt. Und wer hätte das nicht zuweilen nötig.

Die klassischen internationalen Eintöpfe

Waterzooi

Der flämische Fischtopf wird schlicht »kochendes Wasser« genannt. Die Zubereitung ist aber nur schlicht, wenn Ihr Händler den Fisch für Sie putzt, die dicken Mittelgräten entfernt und die Fische in große Portionsstücke schneidet. Lassen Sie sich alle Fischabfälle mit einpacken und darüberhinaus noch ein paar mehr, damit die Fischbouillon recht kräftig wird.

Zutaten für 6 Personen:
1 Zwiebel · 1 Bund Petersilie · etwa 1 kg
Fischabfälle · 1 Lorbeerblatt · 1/2 Teel.
schwarze Pfefferkörner · 1/2 l trockener Weißwein · 1 1/2 l Wasser · 250 g Stangensellerie ·
75 g Butter · 2 kg geputzter, portionierter
Fisch (Karpfen, Barsch, Hecht, Aal) · 1/4 Teel.
getrockneter Thymian · Salz · weißer Pfeffer
Pro Person etwa 3600 Joule/860 Kalorien

● Zubereitungszeit: 1 Stunde

So wird's gemacht: Die Zwiebel schälen und in dünne Scheiben schneiden. Die Petersilie waschen. Beides mit den Fischabfällen und den Gewürzen in einen großen Topf geben. Den Wein und das Wasser zugießen. Alles bei starker Hitze zum Kochen bringen und 30 Minuten bei schwacher Hitze durchziehen lassen. Gelegentlich umrühren. ● Den Stangensellerie putzen, waschen und sehr klein schneiden. ● 2 Eßlöffel Butter in einem breiten Topf erhitzen, den Sellerie einrühren und bei äußerst milder Hitze zugedeckt in 5 Minuten weich werden lassen. ● Die Fischbrühe durch ein feines Sieb in einen Topf passieren. ● Die Fischstücke auf dem angeschmorten Sellerie verteilen und die restliche Butter

in Flöckchen daraufsetzen. 1 1/2 l von der Fischbrühe zugießen und mit dem Thymian würzen. Die Fischbrühe zum Sieden bringen und die Fischstücke darin bei milder Hitze etwa 8 Minuten ziehen lassen. Der Fisch soll weich sein, darf aber keinesfalls zerfallen. ● Die Fischstücke mit einem Schaumlöffel in eine vorgewärmte Terrine heben und warm stellen. ● Die im Topf verbliebene Brühe noch 6–8 Minuten sprudelnd einkochen lassen, damit sie sämig wird, mit Salz und Pfeffer abschmecken und über den Fisch gießen.

Lammpilaw

Gemischte Reisgerichte, sagt ein türkisches Sprichwort, gibt es so viele verschiedene wie Minarette. Zunächst ist Pilaw nichts anderes als in Fett gebratener Reis, der im Orient und in den Balkanländern als Beilage serviert wird.

Zutaten für 4 Personen:
500 g Lammfleisch (Brust oder Schulter) ·
2 Zwiebeln · 1 Knoblauchzehe · 3 Eßl. Olivenöl · 1/4 l heiße Fleischbrühe · 2 grüne
Paprikaschoten · 2 Tomaten · Salz · 250 g
Reis · Pfeffer · Muskatnuß
Pro Person etwa 3000 Joule/715 Kalorien

● Zubereitungszeit: 20 Minuten
● Garzeit: 1 Stunde

So wird's gemacht: Das Fleisch in grobe Würfel schneiden. Die Zwiebeln und die Knoblauchzehe schälen und feinhacken. ● Das Öl in einem großen Topf erhitzen und die Fleischwürfel darin rundherum gut anbraten. Die Zwiebeln und den Knoblauch zugeben, goldgelb werden lassen und mit der heißen Brühe ablöschen. • 1 Stunde bei schwacher Hitze zugedeckt kochen lassen. • Die Paprikaschoten putzen, entkernen, waschen und in feine Streifen schneiden. Die Tomaten überbrühen, häuten und achteln. • Reichlich Salzwasser zum Kochen bringen, den Reis einstreuen und 18 Minuten köcheln lassen. • Nach 40 Minuten Garzeit die Paprikaschoten und die Tomaten zu dem Fleisch geben. • Den Reis in ein Sieb abgießen, mit heißem Wasser abspülen und abtropfen lassen. • Den trockenen Reis in den Fleischtopf füllen und mit 2 Gabeln sanft unterheben. Mit frisch geriebenem Pfeffer und Muskatnuß abschmecken. Den Pilaw auf einer vorgewärmten Platte anrichten.

Mein Tip Ich koche hier den Reis bewußt extra, damit er schön körnig bleibt. Das Gericht soll eine feste Konsistenz haben. Kocht man den Reis mit dem Fleisch zusammen, wird er leicht klebrig und das Pilaw breiig.

Nigerianischer Eintopf

Bild 2. Umschlagseite

Kurkuma oder Gelbwurz heißt der Wurzelstock eines südostasiatischen Ingwergewächses. Das leicht bittere Gewürz wird bei uns meist pulverisiert verkauft. Die Kurkuma ist wesentlicher Bestandteil des Currypulvers.

Zutaten für 6 Personen:
500 g Fischfilet (Rotbarsch oder Schellfisch) Saft von 1/2 Zitrone · 1 küchenfertiges Hähnchen von 500–600 g · 500 g mageres Rindfleisch (Brust) · 1 Suppengrün · 2 Gemüsezwiebeln · 1 Tasse Erdnußöl · Salz · 1/2 l Fleischbrühe · 4 Tomaten · 2 Eßl. Tomatenmark · 1 Teel. Kurkuma · schwarzer Pfeffer · 1/2 Bund Petersilie
Pro Person etwa 2300 Joule/550 Kalorien

● Zubereitungszeit: 1 Stunde und 30 Minuten

<u>So wird's gemacht:</u> Den Fisch kalt abspülen, mit Küchenkrepp trockentupfen, in mundgerechte Stücke schneiden und mit dem Zitronensaft beträufeln. Das Hähnchen in 4 Teile zerlegen, das Rindfleisch in Würfel schneiden. Das Suppengrün putzen, waschen und kleinschneiden. Die Zwiebeln schälen und in Ringe schneiden. • Das Öl in einer großen Kasserolle erhitzen, die Hähnchenteile und das Fleisch darin unter häufigem Wenden 15 Minuten anbraten, dann salzen. Die Hähnchenteile und das Fleisch aus der Kasserolle nehmen und beiseite stellen. • Das Suppengrün und die Zwiebeln im verbliebenem Öl in der Kasserolle kurze Zeit anbraten, die Fleischbrühe zugießen. Das Rindfleisch wieder in die Kasserolle geben und in 45 Minuten bei mittlerer Hitze garen. • Die Tomaten überbrühen, häuten und kleinschneiden. Die Hähnchenteile, den Fisch und die Tomaten zum Fleisch geben, das Tomatenmark, das Kurkumapulver und etwas Pfeffer einrühren. Alles bei schwacher Hitze 15 Minuten köcheln lassen. • Die Petersilie waschen, trockentupfen und feinhacken. • Das Gericht mit Salz und Pfeffer abschmecken und mit der Petersilie bestreut servieren.

Ungarisches Gulasch

Das scharfe ungarische Gulasch koche ich gerne für meine Gäste als Mitternachtsimbiß. Auch nach einer durchbummelten Nacht weckt es ungemein angenehm die Lebensgeister.

Zutaten für 8 Personen:
800 g Rindfleisch (Bein oder Nacken) · 100 g durchwachsener Speck · 300 g Zwiebeln · 50 g Schweineschmalz · 2 Eßl. edelsüßes Paprikapulver · 1 Teel. Rosenpaprikapulver · 1 Teel. getrockneter Thymian · 2 l heiße Fleischbrühe · 2 Knoblauchzehen · 2 große Kartoffeln · 1 rote Paprikaschote · 2 grüne Paprikaschoten · 400 g geschälte Tomaten aus der Dose · 1 Teel. Zucker · Salz · schwarzer Pfeffer · 1/2 Tasse Tokaierwein · 2 Eßl. Weinessig
Pro Person etwa 1470 Joule/350 Kalorien

● Zubereitungszeit: 1 Stunde und 40 Minuten

So wird's gemacht: Das Rindfleisch in größere, den Speck in kleine Würfel schneiden. Die Zwiebeln schälen und feinhacken. • Das Schmalz in einer Kasserolle erhitzen und den Speck und die Zwiebeln darin glasig braten. Die Kasserolle vom Herd nehmen und warten, bis das Fett nicht mehr schäumt. Das Paprikapulver einrühren und mit einem Schuß kaltem Wasser ablöschen. Den Thymian zufügen. • Die Kasserolle wieder auf den Herd stellen, die Fleischwürfel zugeben und unter häufigem Wenden 5 Minuten anbraten. 1/2 l von der heißen Fleischbrühe zugießen, dabei den Bratensatz gut losrühren. Die Knoblauchzehen durch die Presse dazudrücken.

Das Fleisch bei milder Hitze 40 Minuten schmoren lassen. • Währenddessen die Kartoffeln waschen, schälen und würfeln, die Paprikaschoten putzen, entkernen, waschen und in Streifen schneiden. Die Tomaten abtropfen lassen und zerkleinern. • Die Kartoffeln, die Paprikaschoten und die Tomaten zum Fleisch geben. Mit der restlichen Fleischbrühe auffüllen. Alles weitere 30–40 Minuten sanft köcheln lassen. • Das Gulasch mit dem Zucker, Salz, Pfeffer, dem Tokaierwein und dem Weinessig pikant abschmecken.

Spanisch Fricco

Zutaten für 4 Personen:
600 g Kalbsschulter · 3 Eßl. Öl · 1 kg Kartoffeln · 2 Stangen Lauch · 2 Zwiebeln · 1/4 l saure Sahne · Salz · schwarzer Pfeffer · knapp 1/8 l heiße Fleischbrühe · 1 Eßl. Butter
Pro Person etwa 2555 Joule/610 Kalorien

● Zubereitungszeit: 30 Minuten
● Garzeit: 1 Stunde und 30 Minuten

So wird's gemacht: Das Fleisch in Würfel schneiden. • Das Öl in einer Kasserolle erhitzen und die Fleischwürfel darin kräftig anbraten. Das Fleisch aus dem Topf nehmen. • Die Kartoffeln waschen, schälen und in Scheiben schneiden. Den Lauch putzen, waschen und ebenfalls in Scheiben schneiden. Die Zwiebeln schälen und in Ringe schneiden. • Den Backofen auf 200° vorheizen. • Das angebratene Fleisch abwechselnd mit den Kartoffeln, dem Lauch, den Zwiebelringen und der Hälfte der Sahne in die Kasserolle schichten. Dabei jede Lage mit Salz und Pfeffer würzen. Die Brühe darübergießen und die Butter in

Flöckchen daraufsetzen. • Die Kasserolle zugedeckt auf die mittlere Schiebeleiste des Ofens stellen. Nach 1 Stunde den Deckel entfernen und das Gericht noch etwa 30 Minuten garen. • Vor dem Servieren die restliche Sahne darauf verteilen.

Bigosch

Bigosch oder auch Bigos, ein kräftiges Gericht mit Fleisch, Kohl und Pilzen, ist ein polnisches Nationalgericht.

Zutaten für 6 Personen:
125 g durchwachsener Speck · 250 g mageres Schweinefleisch (Bug) · 200 g Rindernakken · 3 Zwiebeln · 250 g Weißkohl · 2 Eßl. Schweineschmalz · 125 g Pfifferlinge oder Mischpilze aus der Dose · 250 g Sauerkraut · 3 Eßl. Tomatenmark · 1 Lorbeerblatt · 1 Teel. Kümmel · $^1/_2$ Teel. getrockneter Majoran · 2 Knoblauchzehen · $^1/_2$ l trockener Weißwein · Salz · weißer Pfeffer · 1 Prise Zucker
Pro Person etwa 1884 Joule/450 Kalorien

● Zubereitungszeit: 25 Minuten
● Garzeit: 1 Stunde und 10 Minuten

So wird's gemacht: Den Speck in kleine und das Fleisch in größere Würfel schneiden. Die Zwiebeln schälen und feinhacken. Den Kohl putzen und in Stücke teilen. • Das Schmalz in einem großen Topf erhitzen und die Speckwürfel darin glasig braten. Das Fleisch und die Zwiebeln zugeben und bei starker Hitze unter Rühren anbraten. • Die Pilze abtropfen lassen und mit dem Weißkohl, dem Sauerkraut, dem Tomatenmark und den Gewürzen zum Fleisch geben. Die Knoblauchzehen durch die Knoblauchpresse dazudrücken. Alles gut verrühren. Den Wein und so viel Wasser zugießen, daß die Zutaten gut bedeckt sind. Alles bei milder Hitze in 70 Minuten garen. • Den Eintopf mit Salz, Pfeffer und dem Zucker abschmecken.

Pot-au-feu

Der Pot-au-feu ist ein köstlicher Fleisch-Gemüse-Eintopf aus Frankreich. Jede Gegend hat ihre spezielle Zubereitungsweise. Die Bouillon wird nach dem Garen durchgesiebt und gesondert mit Weißbrot serviert; danach ißt man das aufgeschnittene, mit dem Gemüse umlegte Fleisch.

Zutaten für 6 Personen:
3 Markknochen · Salz · 2 $^1/_2$ l Wasser · 750 g Rindfleisch (Nacken) · 1 Zwiebel · 3 Gewürznelken · 2 Lorbeerblätter · 1 Knoblauchzehe · 1 Prise getrockneter Thymian · weißer Pfeffer · 1 küchenfertige Poularde · 3 Stangen Lauch · 5 Möhren · 1 kleine Sellerieknolle · 1 Petersilienwurzel · 1 kleiner Kopf Wirsing · 2 Tomaten · 2 Eßl. Cognac · 1 Bund Petersilie
Pro Person etwa 1760 Joule/420 Kalorien

● Zubereitungszeit: 35 Minuten
● Garzeit: 2 Stunden

So wird's gemacht: Die Knochen in einem großen Topf mit dem gesalzenen Wasser zum Kochen bringen und das Rindfleisch einlegen. Die ungeschälte Zwiebel mit den Nelken und den Lorbeerblättern spicken und mit der ungeschälten Knoblauchzehe in den Topf geben. Mit dem Thymian und Pfeffer würzen und alles bei milder Hitze 1 1/2 Stunden kochen lassen. Nach 1 Stunde Kochzeit die Poularde einlegen und mitkochen lassen. Gelegentlich den Schaum abschöpfen. • Das Gemüse putzen und waschen. Den Lauch in 3 cm lange Stücke schneiden, die Möhren der Länge nach vierteln, den Sellerie und die Petersilienwurzel in grobe Würfel schneiden, den Wirsing achteln und die Tomaten überbrühen, häuten und halbieren. Alles in den Suppentopf geben und weitere 30 Minuten köcheln lassen. • Das Rindfleisch und die Poularde aus dem Topf

Schaum, der sich beim Kochen von Fleisch bildet, muß mit einer Schaumkelle abgeschöpft werden.

nehmen. Das Rindfleisch in Scheiben schneiden, die Poularde häuten, das Fleisch von den Knochen lösen und in Portionsstücke teilen. Beide Fleischsorten auf einer vorgewärmten Platte anrichten. Das Gemüse mit dem Schaumlöffel aus der Brühe nehmen und um das Fleisch anordnen. Die Platte warm stellen. • Die Knochen aus der Brühe nehmen. Die Fleischbrühe durchseihen, wieder erhitzen und mit Salz, Pfeffer und dem Cognac abschmecken. Das Mark aus den Knochen lösen, würfeln und in die Brühe geben. Die Petersilie waschen, trockentupfen, feinhacken und darüberstreuen.

Coq au vin

Das Hähnchen in Wein, es sollte möglichst roter Burgunderwein sein, ist eine französische Spezialität.

Zutaten für 4 Personen:
2 küchenfertige Hähnchen zu je etwa 600 g ·
12 Schalotten · 200 g kleine Champignons ·
5 Eßl. Butter · 4 dünne Scheiben durchwachsener Speck · Salz · weißer Pfeffer · 3 Eßl.
Cognac · 3/8 l roter Burgunderwein · 1/4 l
Hühnerbrühe · 3 Knoblauchzehen · 1 Lorbeerblatt · 1/2 Teel. getrockneter Thymian ·
1 Eßl. Mehl · 1 Bund Petersilie
Pro Person etwa 2800 Joule/670 Kalorien

● Zubereitungszeit: 35 Minuten
● Garzeit: etwa 40 Minuten

So wird's gemacht: Jedes Hähnchen in 4 Teile zerlegen. Die Schalotten schälen, die Champignons putzen, waschen und größere Pilze halbieren. • 2 Eßlöffel Butter in einer Kasserolle erhitzen und die Speckscheiben darin hellbraun braten, herausnehmen und beiseite stellen. • Die Hähnchenteile in die Kasserolle geben und in dem heißen Fett von allen Seiten anbraten, salzen, pfeffern und mit den Speckscheiben bedeckt bei milder Hitze zugedeckt 10 Minuten braten, dabei einmal wenden. • Den Cognac über die Hähnchenteile träufeln, den Wein und so viel Hühnerbrühe zugießen, daß alles gut bedeckt ist. Die Knoblauchzehen durch die Knoblauchpresse dazudrücken. Das Lorbeerblatt und den Thymian zugeben. Alles zugedeckt bei milder Hitze 30 Minuten schmoren. • 2 Eßlöffel Butter in einer Pfanne erhitzen und die Schalotten darin unter Schwenken hellgelb braten.

Die Champignons zugeben und 10 Minuten bei milder Hitze mitbraten lassen. • Die Hähnchenteile aus der Sauce nehmen und warm stellen. • Die Sauce auf etwa $1/4$ l einkochen lassen. Das Lorbeerblatt entfernen. • 1 Eßlöffel Butter in einem Pfännchen zerlassen, das Mehl einstäuben und unter Rühren hellgelb werden lassen. Die Butter-Mehl-Mischung in die Weinsauce rühren. Die Hähnchenteile und die Schalotten mit den Pilzen wieder in die Sauce geben und alles noch einmal zusammen gut erhitzen. • Die Petersilie waschen, trockentupfen, feinhacken und über das fertige Gericht streuen.

Satarasch

Das saftige Hirtengulasch wird in manchen Provinzen Jugoslawiens auch mit Hammelfleisch oder Rindfleisch zubereitet. Ein guter Schuß saure Sahne, zum Schluß eingerührt, verfeinert den Geschmack.

Zutaten für 4 Personen:
750 g Schweinefleisch (Halsgrat) · 6 Tomaten · 2 Zwiebeln · 2 Knoblauchzehen · je 1 grüne und rote Paprikaschote · 2 Stangen Lauch · 4 Kartoffeln · 5 Eßl. Öl · 1 Eßl. edelsüßes Paprikapulver · $1/2$ Teel. getrockneter Thymian · Salz · schwarzer Pfeffer · $1/4$ l Fleischbrühe · 3 Eßl. Tomatenmark
Pro Person etwa 3940 Joule/940 Kalorien

● Zubereitungszeit: 20 Minuten
● Garzeit: 1 Stunde und 15 Minuten

So wird's gemacht: Das Fleisch in große Würfel schneiden. Die Tomaten überbrühen, häuten und halbieren. Die Zwiebeln und die

Knoblauchzehen schälen und grobhacken. Die Paprikaschoten entkernen, waschen und in Stücke schneiden. Den Lauch putzen, waschen und in Ringe schneiden. Die Kartoffeln schälen und grob würfeln. • Das Öl in einer Kasserolle erhitzen und die Fleischwürfel 15 Minuten darin anbraten. • Alle vorbereiteten Zutaten zugeben. Das Paprikapulver, den Thymian, Salz und Pfeffer einrühren, mit der Fleischbrühe aufgießen. Den Eintopf zugedeckt bei milder Hitze etwa 1 Stunde kochen lassen. • Vor dem Servieren das Tomatenmark einrühren und eventuell einige Eßlöffel saure Sahne.

Djuvec

Der schlichte Djuvec wird nur aus in Fett gebratenem Reis mit Zwiebelwürfeln und Paprikastückchen zubereitet. Der folgende Eintopf aber ist ein Festtagsgericht der Jugoslawen.

Zutaten für 6 Personen:
250 g mageres Schweinefleisch · 250 g Lammfleisch (Schulter) · 250 g Rindfleisch (Nakken) · 3 Zwiebeln · je 2 grüne und rote Paprikaschoten · 250 g grüne Bohnen · 1 Aubergine · 500 g Tomaten · 4 Eßl. Öl · Salz · schwarzer Pfeffer · $1/2$ Teel. Rosenpaprikapulver · $1/4$ l Fleischbrühe · 4 Tassen Reis (bereits gekocht) · 1 Bund Petersilie
Pro Person etwa 1470 Joule/350 Kalorien

● Zubereitungszeit: 30 Minuten
● Garzeit: 1 Stunde

So wird's gemacht: Das Fleisch in Würfel schneiden. Die Zwiebeln schälen und in Scheiben schneiden. Das Gemüse putzen und

»Couscous« ist eine nordafrikanische Spezialität. ▷
Hirse oder Hartweizengrieß gehört dazu. Rezept
unten.

waschen. Die Paprikaschoten und die Bohnen kleinschneiden, die Aubergine würfeln und die Tomaten überbrühen, häuten und achteln. • Den Backofen auf 200° vorheizen. • Das Öl in einer großen Pfanne erhitzen und die Fleischwürfel darin ringsum braun anbraten. Die Zwiebeln zugeben und 3 Minuten unter Wenden mitbraten. • Das Fleisch und das Gemüse abwechselnd in eine feuerfeste Form schichten. Jede Lage mit Salz, Pfeffer und dem Paprikapulver würzen. Die Fleischbrühe zugießen und den Eintopf erst 40 Minuten zugedeckt, dann weitere 20 Minuten unbedeckt garen. Kurz vor Ende der Garzeit den Reis untermischen und heiß werden lassen. • Die Petersilie waschen, trockentupfen, feinhacken und vor dem Servieren über den Djuvec streuen.

Couscous

Bild gegenüber

Ursprünglich hieß nur die krümelige Beispeise aus Hirse oder Hartweizengrieß Couscous. Später nannte man das ganze nordafrikanische Gericht so. Hier wurde es für europäische Zungen etwas abgewandelt.

Zutaten für 4 Personen:
250 g Hammelfleisch (Keule oder Brust) ·
250 g Rindfleisch (Bug oder Schulter) ·
2 Zwiebeln · 2 Knoblauchzehen · 6 Eßl. Öl ·
Salz · schwarzer Pfeffer · 1 Kohlrabi ·
3 Möhren · 1 grüne Paprikaschote · 3 Tomaten · 300 g tiefgefrorene Erbsen · 1 Teel. Tabascosauce · Cayennepfeffer
Für den Couscous: 250 g Hartweizengrieß ·
Salz · 1/8 l Wasser · 50 g Butter
Pro Person etwa 3767 Joule/900 Kalorien

● Zubereitungszeit: 1 Stunde und 40 Minuten

So wird's gemacht: Das Hammel- und das Rindfleisch in 3 cm große Würfel schneiden. Die Zwiebeln und die Knoblauchzehen schälen und feinhacken. • Das Öl in einer großen Kasserolle erhitzen und die Fleischwürfel, die Zwiebeln und den Knoblauch darin 5 Minuten unter Rühren scharf anbraten. So viel heißes Wasser zugießen, bis alles gut bedeckt ist. Das Fleisch salzen und pfeffern und in der geschlossenen Kasserolle 30 Minuten bei milder Hitze schmoren lassen. • Für den Couscous den Grieß in einer flachen Schüssel ausbreiten und mit dem gesalzenen Wasser beträufeln. Den feuchten Grieß zwischen den Handflächen leicht reiben, bis das Wasser ganz aufgesogen ist und sich Kügelchen bilden. Den Grieß zugedeckt beiseite stellen. • Den Kohlrabi und die Möhren putzen, waschen und in Streifen schneiden, die Paprikaschote entkernen, waschen und in kleine Stücke schneiden, die Tomaten überbrühen und häuten. Das vorbereitete Gemüse mit den tiefgefrorenen Erbsen zu dem Fleisch geben und alles weitere 30 Minuten schmoren lassen. Danach das Gericht mit Tabascosauce und Cayennepfeffer kräftig abschmecken. • Wenn das Gemüse im Topf ist, die Grießkügelchen in ein Haarsieb füllen und dieses über einen hohen Topf mit kochendem Wasser hängen, ohne daß es das Wasser berührt. Den Grieß, mit einem Tuch zugedeckt, 30 Minuten im Dampf garen, dann in eine Schüssel schütten und mit der Butter sanft mischen. • Den Couscous in die Mitte einer vorgewärmten Platte häufen und den Fleisch-Gemüse-Eintopf rundherum anrichten.

◁ Eilige können das »Cassoulet« auch mit weißen Bohnen aus der Dose zubereiten. Rezept unten.

Cassoulet

Bild gegenüber

Das Cassoulet ist ein französischer Bohneneintopf aus der Gascogne. Statt mit Schweinefleisch wird das Gericht auch gerne mit Gänsekeulen oder Hammelfleisch zubereitet.

Zutaten für 4 Personen:
500 g weiße Bohnen · 1$^1/_2$ l Wasser · 2 große Zwiebeln · 1 Lorbeerblatt · Salz · schwarzer Pfeffer · 250 g Schweinefleisch (Schulter) · 1 Bund Suppengrün · 2 Knoblauchzehen · 2 Eßl. Schweine- oder Butterschmalz · 250 g rohes Kasseler in 4 Scheiben · $^1/_8$ l Rotwein · 200 g geräucherte Knoblauchwurst · 2 Eßl. Tomatenmark · Cayennepfeffer
Pro Person etwa 3680 Joule/880 Kalorien

- Einweichzeit: 12 Stunden
- Zubereitungszeit: 20 Minuten
- Garzeit: 2 Stunden und 40 Minuten

So wird's gemacht: Die Bohnen über Nacht in dem Wasser einweichen. • Die Zwiebeln schälen und hacken. Die Bohnen im Einweichwasser mit der Hälfte der gehackten Zwiebeln, dem Lorbeerblatt, Salz, Pfeffer und dem Schweinefleisch bei milder Hitze 40 Minuten kochen lassen. Dann das Fleisch herausnehmen und in Scheiben schneiden. • Das Suppengrün putzen, waschen und kleinschneiden, die Knoblauchzehen schälen und feinhacken. Das Schmalz in einer Pfanne erhitzen und das Kasseler darin mit den restlichen Zwiebeln, dem Suppengrün und dem Knoblauch auf beiden Seiten anbräunen. Den Wein zugießen und kurz aufkochen lassen. • Den Pfanneninhalt und die Knoblauchwurst zu den Bohnen geben und alles 60 Minuten weiterköcheln lassen. • Das Kasseler und die Wurst herausnehmen. Die Wurst in dicke Scheiben schneiden, das Kasseler halbieren. • Mit dem Schaumlöffel eine Schicht Bohnen in eine große feuerfeste Form füllen. Das Schweinefleisch, das Kasseler und die Wurstscheiben abwechselnd darauflegen. Mit einer weiteren Schicht Bohnen zudecken. • Das Tomatenmark in die Bohnenbrühe rühren, die Sauce mit Cayennepfeffer würzen und über das Cassoulet gießen. Bei äußerst milder Hitze etwa 1 Stunde durchziehen lassen. Das Cassoulet heiß aus der Form servieren.

Bostoner gebackene Bohnen

Bild Seite 46

Ein kräftiges Gericht aus den Pionierzeiten der USA und Kanadas. Man trank dazu gesüßten schwarzen Kaffee. Ich ziehe ein frisches Bier oder Pils vor.

Zutaten für 4 Personen:
500 g weiße Bohnen · Salz · 250 g durchwachsener Speck · 4 Eßl. Tomatenketchup · $^1/_2$ Tasse Rübensirup · 3 Teel. scharfer Senf · 2 Eßl. Weinessig · 1 Eßl. edelsüßes Paprikapulver · 1 Zwiebel · 1 Prise Cayennepfeffer
Pro Person etwa 3740 Joule/895 Kalorien

- Einweichzeit: 12 Stunden
- Garzeit: 45 Minuten
- Zubereitungszeit: 15 Minuten
- Backzeit: 40 Minuten

So wird's gemacht: Die Bohnen über Nacht in reichlich kaltem Wasser quellen lassen. •

Die Bohnen im Einweichwasser mit etwas Salz 45 Minuten kochen, dann in einem Sieb abtropfen lassen; dabei die Brühe auffangen. • Inzwischen den Speck in Scheiben schneiden. Mit der Hälfte der Scheiben eine feuerfeste Form auslegen. • Den Backofen auf 220° vorheizen. • Aus 2 Tassen Bohnenbrühe, dem Ketchup, dem Sirup, dem Senf, dem Essig und dem Paprikapulver eine Sauce rühren. Die Zwiebel schälen, feinhacken und in die Sauce mischen. Mit dem Cayennepfeffer abschmecken. • Die Bohnen in die Form auf den Speck schichten und mit der Sauce übergießen. Mit den restlichen Speckscheiben zudecken. Das Gericht auf der zweiten Schiebeleiste von unten im Backofen 40 Minuten backen.

Mein Tip Wenn es schnell gehen soll, können Sie für diesen Eintopf auch weiße Bohnen aus der Dose verwenden, die schon gegart sind. Für die Sauce ergänzen Sie die Flüssigkeit aus der Dose mit Wasser oder Fleischbrühe auf 1/4 l.

Ansonsten rate ich Ihnen, für Hülsenfruchtgerichte getrocknete Kerne zu nehmen, da die aus der Dose meist zu weich gekocht sind. Bohnen, Erbsen und Linsen sollen noch einen Biß haben, zu Mus gekocht schmecken sie fad. Halten Sie sich deshalb auch nicht strikt an die Garzeiten. Die verschiedenen Sorten von Hülsenfrüchten brauchen mal kürzere, mal längere Kochzeiten, um kaugerecht auf den Teller zu kommen.

Irish Stew

Bild Seite 27

Der deftige Hammeleintopf ist das Nationalgericht der Iren. Bei uns wird er, besonders im Winter, auch gerne gegessen.

Zutaten für 4 Personen:
500 g Hammelfleisch (Schulter) · 1/2 l Wasser · 500 g Kartoffeln · 2 große Möhren · 4 Zwiebeln · 750 g Weißkohl · 50 g fetter Speck · Salz · weißer Pfeffer · 1 Teel. getrockneter Thymian · 1 Teel. Kümmel · 1 Lorbeerblatt · 1 Bund Petersilie
Pro Person etwa 2535 Joule/605 Kalorien

● Zubereitungszeit: 25 Minuten
● Garzeit: 1 Stunde

So wird's gemacht: Das Fleisch von Fett und Sehnen befreien und in große Würfel schneiden. In dem Wasser 10 Minuten kochen. • Die Kartoffeln schälen und in Würfel schneiden. Die Möhren schaben und stifteln. Die Zwiebeln schälen und in dicke Scheiben schneiden. Den Weißkohl vom Strunk befreien, waschen und hobeln. • Den Speck in Scheiben schneiden und einen großen Schmortopf damit auslegen. Abwechselnd die angekochten Fleischwürfel, die Kartoffeln, die Möhren, die Zwiebeln und den Weißkohl einschichten. Dabei jede Lage mit Salz, Pfeffer, dem Thymian und dem Kümmel würzen. Zuletzt die Hammelfleischbrühe zugießen und das Lorbeerblatt einlegen. Das Stew zugedeckt bei milder Hitze, ohne umzurühren, in 1 Stunde garen. • Die Petersilie waschen, trockentupfen und feinhacken. Den Eintopf kurz vor dem Servieren mit der Petersilie bestreuen und heiß essen.

Chili con carne

Für den feurigen Eintopf aus Lateinamerika können Sie gut Bohnen aus der Dose verwenden, zumal die roten Bohnenkerne nicht überall erhältlich sind.

Zutaten für 4 Personen:
1 große Zwiebel · 2 Knoblauchzehen · 1 grüne Paprikaschote · 4 Eßl. Öl · 500 g Rinderhackfleisch · 2 getrocknete Chilischoten · 850 g geschälte Tomaten aus der Dose · 1 Lorbeerblatt · $^{1}/_{2}$ Teel. getrockneter Oregano · 500 g rote Bohnen aus der Dose · Salz · schwarzer Pfeffer · Cayennepfeffer · Tabascosauce
Pro Person etwa 2220 Joule/530 Kalorien

● Zubereitungszeit: 50 Minuten

So wird's gemacht: Die Zwiebel und die Knoblauchzehen schälen und feinhacken. Die Paprikaschote putzen, entkernen, waschen und in Würfel schneiden. • Das Öl in einer Kasserolle erhitzen, die Zwiebel und den Knoblauch darin glasig braten. Die Paprikawürfel und das Hackfleisch zugeben und bei

starker Hitze unter Rühren 5 Minuten anbraten. Die Hitze zurückschalten. • Die getrockneten Chilischoten kleinschneiden. • Die Tomaten mit dem Saft, das Lorbeerblatt, den Oregano und die Chilischoten zugeben. Alles 15 Minuten köcheln lassen. • Die Bohnen abtropfen lassen und zur Fleischmischung geben, alles durchrühren und weitere 10 Minuten bei milder Hitze schmoren lassen. • Den Eintopf mit Salz, Pfeffer, Cayennepfeffer und Tabascosauce scharf abschmecken.

Szegediner Gulasch

Zutaten für 4 Personen:
125 g durchwachsener Speck · 250 g Schweinefleisch (Bug) · 250 g Rindfleisch (Bug) · 250 g Zwiebeln · 500 g Tomaten · 1 Eßl. Butter · 2 Eßl. edelsüßes Paprikapulver · $^{1}/_{2}$ Teel. Rosenpaprikapulver · 1 Tasse Rotwein · $^{1}/_{2}$ Teel. getrockneter Thymian · 2 Knoblauchzehen · 250 g Sauerkraut (Dose) · $^{1}/_{8}$ l saure Sahne · Salz
Pro Person etwa 2870 Joule/685 Kalorien

● Zubereitungszeit: 25 Minuten
● Garzeit: 1 Stunde und 15 Minuten

So wird's gemacht: Den Speck in kleine und das Fleisch in große Würfel schneiden. Die Zwiebeln schälen und feinhacken. Die Tomaten überbrühen, häuten und zerkleinern. • Die Butter in einem Schmortopf zerlassen, den Speck und die Zwiebeln darin unter Rühren anbraten. Das Fleisch zugeben und anbräunen lassen. Mit dem Paprikapulver bestäuben und mit dem Rotwein ablöschen. Die Tomaten und den Thymian einrühren. Die Knoblauchzehen durch die Knoblauchpresse

So werden Paprikaschoten geputzt und in Würfel geschnitten.

dazudrücken. Im halbgeöffnetem Topf bei milder Hitze etwa 1 Stunde schmoren lassen. • Das Sauerkraut mit zwei Gabeln locker zerpflücken, in den Topf geben und 15 Minuten mit durchziehen lassen. • Die saure Sahne in das Gulasch rühren und mit Salz abschmecken.

Lescó

Der bunte Paprika-Eintopf ist ein ländliches Gericht der Ungarn. Die Hirten kochen ihn in großen Kesseln auf offenem Feuer draußen auf dem Feld.

Zutaten für 4 Personen:
750 g grüne, rote und gelbe Paprikaschoten ·
100 g durchwachsener Speck · 2 große Zwiebeln · 1 Knoblauchzehe · 500 g Tomaten ·
1 Eßl. Schweineschmalz · 1 Eßl. edelsüßes Paprikapulver · 4 Debreziner Würstchen ·
Salz · schwarzer Pfeffer
Pro Person etwa 2575 Joule/615 Kalorien

● Zubereitungszeit: 45 Minuten

So wird's gemacht: Die Paprikaschoten putzen, entkernen, waschen und in breite Streifen schneiden. Den Speck würfeln und die Zwiebeln und die Knoblauchzehe schälen und feinhacken. Die Tomaten überbrühen, häuten und vierteln. • Das Schmalz in einem großen Topf erhitzen, den Speck, die Zwiebeln und die Knoblauchzehe darin 5 Minuten unter Rühren anbraten. Das Paprikapulver darüberstäuben. Die Paprikaschoten in den Topf geben und 10 Minuten mitgaren lassen. Die Tomaten zufügen und alles nochmals 10 Minuten köcheln lassen. • Die Würstchen in dünne Scheiben schneiden und in den Papri-

katopf rühren. Alles bei milder Hitze 5–10 Minuten durchziehen lassen. Das Gericht mit Salz und Pfeffer würzen.

Kalbspaprikasch

Zutaten für 4 Personen:
2 große Zwiebeln · 750 g Kalbsschulter ·
3 Eßl. Schweineschmalz · 2 Eßl. edelsüßes Paprikapulver · 1 Teel. Rosenpaprikapulver ·
$^1/_4$ l Fleischbrühe · 1 große grüne Paprikaschote · 850 g geschälte Tomaten aus der Dose · 2 Knoblauchzehen · $^1/_2$ Teel. getrockneter Thymian · Salz · $^1/_8$ l Sahne
Pro Person etwa 2115 Joule/505 Kalorien

● Zubereitungszeit: 20 Minuten
● Garzeit: 1 Stunde

So wird's gemacht: Die Zwiebeln schälen und würfeln. Das Fleisch in mundgerechte Stücke schneiden. • Das Schmalz in einem Schmortopf erhitzen und die Zwiebeln darin goldgelb werden lassen. Den Topf vom Herd nehmen und, wenn das Fett nicht mehr brutzelt, das Paprikapulver einrühren, die Hälfte der Brühe und das Fleisch zugeben. Alles bei milder Hitze zugedeckt 45 Minuten schmoren lassen. • Die Paprikaschote putzen, entkernen, waschen und in schmale Streifen schneiden. Nach 15 Minuten Schmorzeit die restliche Fleischbrühe und die Paprikastreifen zugeben. • Die Tomaten, ohne den Saft, durch ein Sieb streichen und unter das Fleisch rühren. Die Knoblauchzehen durch die Presse dazudrücken. Mit dem Thymian und Salz würzen. • Alles im offenen Topf 15 Minuten köcheln lassen. • Vor dem Anrichten die Sahne unterziehen.

Borschtsch

Wie bei allen Nationalgerichten wird auch die russische Borschtsch auf unterschiedlichste Weise gekocht. Ich habe mich für eine unkomplizierte Zubereitungsart entschieden.

Zutaten für 4 Personen:
500 g Rindfleisch (Brust) · 1¹/₂ l Wasser ·
Salz · 1 Petersilienwurzel · 1 Lorbeerblatt ·
250 g Weißkohl · 2 Stangen Lauch · 3 Möhren · ¹/₂ Sellerieknolle · 1 rote Bete · 3 Kartoffeln · 4 Eßl. Tomatenmark · Saft von
¹/₂ Zitrone · Pfeffer · 1 Stengel frischer oder
¹/₂ Teel. getrockneter Liebstöckel · 1 Bund Petersilie · ¹/₈ l saure Sahne
Pro Person etwa 2090 Joule/500 Kalorien

● Zubereitungszeit: 1 Stunde und 45 Minuten

So wird's gemacht: Das Fleisch ins kochende Salzwasser legen. Die Petersilienwurzel waschen und mit dem Lorbeerblatt zugeben. 1 Stunde bei mittlerer Hitze kochen lassen. • Den Weißkohl, den Lauch und die Möhren putzen, waschen und in Streifen oder Scheiben schneiden. Den Sellerie, die rote Bete und die Kartoffeln waschen, schälen und in Würfel schneiden. • Sobald das Fleisch weich ist, gut die Hälfte der Brühe abnehmen und das Gemüse darin zugedeckt bei milder Hitze garen. • Das Suppenfleisch in mundgerechte Stücke schneiden. Die restliche Brühe durchseihen und mit dem Fleisch und dem Tomatenmark in die Gemüsemischung rühren. Mit dem Zitronensaft, Salz und Pfeffer abschmekken. • Die Kräuter waschen, trockentupfen und feinhacken. Über die Borschtsch streuen. Die saure Sahne gesondert dazu reichen.

Bami goreng

Zutaten für 4 Personen:
300 g Weißkohl · 1 kleine Sellerieknolle ·
1 Stange Lauch · 2 Zwiebeln · 500 g Schweinefleisch (Nacken) · 6 Eßl. Öl · 300 g tiefgefrorene Erbsen · 250 g Glasnudeln · 1 Messerspitze Knoblauchpulver · ¹/₂ Teel. Djahe ·
4 Eßl. Ketjap Benteng · Salz · Pfeffer
Pro Person etwa 4020 Joule/960 Kalorien

● Zubereitungszeit: 1 Stunde

So wird's gemacht: Das Gemüse putzen und waschen. Den Weißkohl in feine Streifen, die Sellerieknolle in kleine Würfel, den Lauch in dünne Ringe schneiden. 1 Zwiebel schälen und feinhacken. Das Fleisch in 2 cm große Würfel schneiden. • Knapp 5 Eßlöffel Öl in einem großen Topf erhitzen und die Fleischwürfel darin ringsum braun anbraten. Das zerkleinerte Gemüse zugeben, gut umrühren und alles bei milder Hitze 30 Minuten schmoren lassen, eventuell etwas Wasser angießen, wenn sich nicht genügend Flüssigkeit gebildet hat. 8 Minuten vor Ende der Garzeit die Erbsen in den Topf geben. • Reichlich Wasser zum Kochen bringen. Die Glasnudeln in 10 cm lange Stücke schneiden und in dem siedenden Wasser 3–4 Minuten quellen lassen. Dann in ein Sieb gießen, mit kaltem Wasser abschrecken und abtropfen lassen. • Die Glasnudeln in das fertige Gericht mischen. Die Gewürze einrühren und den Eintopf mit Salz und Pfeffer abschmecken. • Die zweite Zwiebel schälen und in dünne Ringe schneiden. Das restliche Öl in einem Pfännchen erhitzen, die Zwiebelringe darin goldgelb braten. • Das Bami goreng in eine vorgewärmte Schüssel füllen und die Zwiebelringe darauf verteilen.

Die feinen für festliche Anlässe

Elsässer Bäckerofen

Das saftige Gericht trug man früher in einem großen Topf, mit einem Deckel aus Schwarzbrotteig hermetisch verschlossen, zum Dorfbäcker, um es in dessen großen Backofen langsam garen zu lassen. Zuweilen geschieht das auch heute noch im Elsaß. Das folgende Rezept ist für Ihren häuslichen Herd ein wenig vereinfacht worden.

Zutaten für 8 Personen:
500 g Schweineschulter · 500 g Hammelschulter · 500 g Rinderbrust ohne Knochen · 4 Zwiebeln · 2 Knoblauchzehen · 1 Bund Petersilie · 1 kg Kartoffeln · 50 g Schweineschmalz · Salz · schwarzer Pfeffer · 1/2–3/4 l trockener Weißwein · 1 Lorbeerblatt
Pro Person etwa 2930 Joule/700 Kalorien

- Zubereitungszeit: 45 Minuten
- Garzeit: 2 1/2 Stunden

So wird's gemacht: Alles Fleisch in grobe Würfel schneiden. Die Zwiebeln schälen, in Scheiben oder große Würfel schneiden. Die Knoblauchzehen schälen und feinhacken. Die Petersilie waschen, trockentupfen und kleinschneiden. Die Kartoffeln waschen, schälen und in Scheiben schneiden. • Das Schmalz in einer großen Kasserolle erhitzen und die Zwiebeln darin hellgelb braten, dann aus dem Topf nehmen. • Die Kartoffeln, das Fleisch und die Zwiebeln lageweise in die Kasserolle schichten. Jede Lage mit Salz und Pfeffer würzen und mit etwas Knoblauch und Petersilie bestreuen. • Den Backofen auf 175 ° vorheizen. • Den Wein sorgfältig über die eingeschichteten Zutaten gießen. Das Lorbeerblatt obenauflegen. Die Kasserolle gut verschlie-ßen, in den Backofen schieben und den Bäckerofen geruhsam in 2 1/2 Stunden gar werden lassen.

Fleischtopf Solianka

Nach der Borschtsch ist die Solianka die bekannteste russische Eintopfspezialität. Sie wird auch gerne mit verschiedenen Fischen zubereitet.

Zutaten für 6 Personen:
1 kleine küchenfertige Poularde · 1 Bund Suppengrün · 1 Zwiebel · Salz · knapp 2 l Wasser · 250 g Rindfleisch (Nacken) · 250 g mageres Schweinefleisch (Kamm) · 3 Pimentkörner · 400 g Weißkohl · 1 Kalbsniere · 2 Salzgurken · knapp 1/4 l trockener Weißwein · weißer Pfeffer · Curry · 1 Bund Dill · 6 Eßl. saure Sahne
Pro Person etwa 2530 Joule/605 Kalorien

- Zubereitungszeit: 20 Minuten
- Garzeit: etwa 2 Stunden

So wird's gemacht: Die Poularde waschen, das sichtbare Fett herausschneiden. Das Suppengrün waschen, putzen und kleinschneiden, die Zwiebel schälen und halbieren. • Das gut gesalzene Wasser zum Kochen bringen. Die Poularde, das Rindfleisch und das Schweinefleisch einlegen, die Pimentkörner zugeben und alles 30 Minuten im offenen Topf kochen lassen. • Das Suppengrün und die Zwiebelhälften zufügen, nun mit geschlossenem Deckel 40 Minuten weiterköcheln lassen. • Die Poularde herausnehmen und häuten, das

Fleisch von den Knochen lösen und in Würfel schneiden. Das übrige Fleisch aus der Bouillon nehmen und grob würfeln. Den Kohl putzen, waschen und in feine Streifen hobeln. Die Niere der Länge nach durchschneiden,

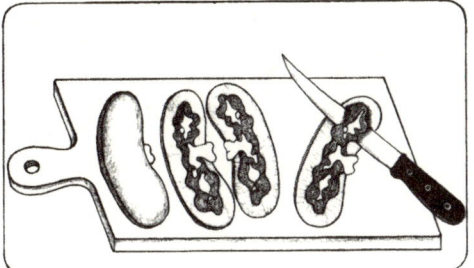

Nieren werden der Länge nach durchgeschnitten, von Röhren und Sehnen befreit und gründlich gewaschen.

von Sehnen, Röhren und Fett befreien und in Streifen schneiden. Die Gurken in Scheiben schneiden. • Die Bouillon durchseihen. Den Kohl, die Nieren und die Gurken einlegen. 15 Minuten kochen lassen. • Die Fleischstücke zugeben und heiß werden lassen. Mit dem Weißwein, Pfeffer und Curry würzig abschmecken. Eventuell nachsalzen. • Den Dill waschen, trockentupfen und kleinschneiden. Die Solianka in vorgewärmte tiefe Teller oder große Suppentassen füllen. Die saure Sahne in die Mitte setzen und mit dem Dill bestreuen.

Puterpilaw

Zutaten für 4 Personen:
400 g Puterbrust · 1 Zwiebel · 1 Knoblauchzehe · 2 Eßl. Öl · Salz · weißer Pfeffer ·
1 Messerspitze Ingwerpulver · 2 Tassen Lang- *kornreis · 4 Tassen heiße Fleischbrühe ·*
50 g Rosinen · 800 g Aprikosen aus der Dose · 1 Eßl. Sojasauce · 1–2 Teel. trockener Sherry
Pro Person etwa 2410 Joule/575 Kalorien

● Zubereitungszeit: 35 Minuten

So wird's gemacht: Die Puterbrust in mundgerechte Stücke schneiden. Die Zwiebel und die Knoblauchzehe schälen und feinhacken. • Das Öl in einer großen Pfanne mit möglichst hohem Rand erhitzen, die Zwiebel und die Knoblauchzehe darin glasig braten. Das Fleisch zugeben und anbraten. Mit Salz, Pfeffer und dem Ingwerpulver würzen. • Den Reis in die Pfanne geben und unter Rühren glasig werden lassen. Die Fleischbrühe angießen und die Rosinen zufügen. Alles bei milder Hitze 10 Minuten kochen lassen. • Die Aprikosen abtropfen lassen. Die Früchte vorsichtig unter den Pilaw mischen, eventuell etwas Aprikosensaft zugießen. Das Gericht bei äußerst schwacher Hitze 8 Minuten durchziehen lassen. • Mit der Sojasauce und dem Sherry pikant abschmecken.

Bollito misto

»Gemischtes Gekochtes« ist eine beliebte Spezialität aus Norditalien. Ein wahrhaft festliches Essen für den größeren Freundeskreis. Die Zusammenstellung der Fleischsorten ist nicht streng vorgeschrieben. Man kann, je nach Zahl der Gäste oder nach Geschmack, zusätzlich auch noch Schweinefleisch, ein Stück Kalbskopf und Knoblauchwürste mitkochen. Die »Salsa verde« darf aber in keinem Fall fehlen.

Zutaten für 8 Personen:
Etwa 3 l Wasser · 2 Zwiebeln · 1 Knoblauch-
zehe · 2 Lorbeerblätter · je 5 Pfefferkörner
und Wacholderbeeren · 4 Pimentkörner ·
Salz · 500 g Rinderbrust · 500 g Kalbszun-
ge · 300 g Kalbsbug · 1 küchenfertige Pou-
larde · 4 große Möhren · 8 kleine Stangen
Lauch
Pro Person etwa 1695 Joule/405 Kalorien

● Zubereitungszeit: 30 Minuten
● Garzeit: 1 Stunde und 30 Minuten

So wird's gemacht: Das Wasser mit den geschälten Zwiebeln, der geschälten Knoblauchzehe, den Gewürzen und Salz zum Kochen bringen. Das Rindfleisch einlegen und in
etwa 2 Stunden weich kochen. Zwischendurch
den Schaum abschöpfen. • Nach 30 Minuten
Kochzeit die Zunge und nach weiteren 45 Minuten das Kalbfleisch und die Poularde in den
Topf geben. • Die Möhren schaben und der
Länge nach halbieren, den Lauch putzen,
gründlich waschen und in große Stücke
schneiden. Die Möhren 30 Minuten, den
Lauch 15 Minuten mitgaren lassen. • Die
Zunge herausnehmen, kalt abschrecken und
häuten. Die Poularde herausheben und in

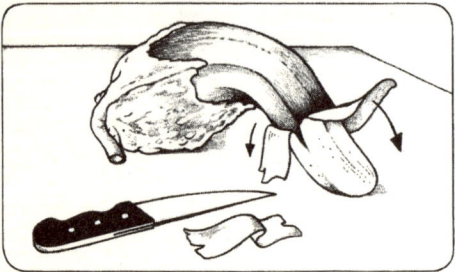

Gekochte Zunge läßt sich leicht enthäuten, wenn
sie mit kaltem Wasser abgeschreckt wird.

Teile zerlegen. Das Fleisch, die Zunge, die
Poulardenteile und das Gemüse auf einer vorgewärmten Platte anrichten. Das Fleisch und
die Zunge erst am Tisch aufschneiden.

Salsa verde

Die klassische italienische Kräutersauce hält
sich zugedeckt im Kühlschrank mehrere Tage.
Bereiten Sie doch immer etwas mehr davon
zu und machen Sie zu einem späteren Zeitpunkt einen Kartoffelsalat damit an. Die grüne Sauce schmeckt auch ausgezeichnet zu ge-
dünstetem Fisch und pochierten Eiern.

Zutaten für 8 Personen:
1 Bund Schnittlauch · 2 Bund Petersilie ·
3 Stengel Basilikum · 3 Stengel Zitronenmelis-
se · 1 Stengel Estragon · 1 Stengel Liebstök-
kel · 2 kleine Zwiebeln · 2 Knoblauchzehen ·

1 gehäufter Eßl. Kapern · 2 Eßl. Weinessig ·
1 Eßl. Zitronensaft · 1 Teel. Salz · 1/2 Teel.
weißer Pfeffer · gut 1/8 l Olivenöl
Pro Person etwa 628 Joule/150 Kalorien

● Zubereitungszeit: 25 Minuten
● Ruhezeit: 10 Minuten

So wird's gemacht: Die frischen Kräuter waschen, trockentupfen, von dicken Stengeln
befreien und feinhacken. • Die Zwiebeln und
die Knoblauchzehen schälen und sehr feinhacken. Die Kapern kleinschneiden. • Den
Essig mit dem Zitronensaft, dem Salz und
dem Pfeffer gut verrühren. Nach und nach das
Öl mit dem Schneebesen einschlagen. • Das
Würzöl mit den Kräutern, den Zwiebeln, dem
Knoblauch und den Kapern mischen. Die
Sauce mindestens 10 Minuten ziehen lassen.

◁ »Rheinischer Bauerntopf«: ein deftiger, durch die Backpflaumen leicht süß-pikant schmeckender Eintopf. Rezept Seite 43.

Bouillabaisse

Auch wenn jedermann behauptet, Bouillabaisse sei eine Suppe, ist sie in Wirklichkeit doch ein echter Eintopf. Als Fischfan habe ich mich in Südfrankreich an manch einer gütlich getan. Alle schmeckten köstlich und ich kann nicht mehr sagen, welche die feinste war. Zuhause probierte ich folgendes Rezept aus. Ich hoffe, es findet Ihre Zustimmung. Immer dazu gehört übrigens die »Rouille«, eine sehr scharfe Sauce, die getrennt von der Suppe serviert wird.

Zutaten für 6 Personen:
500 g tiefgefrorene Shrimps · 2 kg frische ausgenommene gemischte Seefische (Schellfisch, Kabeljau, Heilbutt, Seelachs, Goldbarsch, Merlan) · 250 g Fischköpfe und -schwänze · 1 Stange Lauch · 1 kleine Fenchelknolle · 2 Zwiebeln · 250 g Tomaten · 2 Knoblauchzehen · 6 Eßl. Olivenöl · $^3/_4$ l heißes Wasser · $^3/_4$ l trockener Weißwein · 1 Lorbeerblatt · $^1/_2$ Teel. getrockneter Thymian · Salz · Pfeffer · Saft von 1 Zitrone · 500 g Miesmuscheln · 1 Prise Safran · 2 Eßl. Pernod · $^1/_2$ Bund Petersilie
Pro Person etwa 2390 Joule/570 Kalorien

● Auftauzeit: 2–3 Stunden
● Zubereitungszeit: 1 Stunde

So wird's gemacht: Die Shrimps auftauen lassen. • Die Fische von Köpfen, Schwänzen, Flossen und loser Haut befreien. Die Fische, Fischabschnitte, -köpfe und -schwänze waschen und abtropfen lassen. • Den Lauch und den Fenchel putzen und waschen. Die Zwiebeln schälen. Den Lauch und die Zwiebeln in dünne Scheiben, den Fenchel in feine Streifen schneiden. Die Tomaten überbrühen, häuten und kleinschneiden. Die Knoblauchzehen schälen und feinhacken. • Das Olivenöl in einem großen Topf erhitzen. Die Zwiebeln und den Lauch unter Rühren darin glasig braten. Das Wasser, den Wein, die Fischabfälle, -köpfe und -schwänze, den Fenchel, die Tomaten, den Knoblauch, das Lorbeerblatt und den Thymian zugeben. Alles 30 Minuten bei milder Hitze im offenen Topf kochen lassen. • Die Fische in 5 cm große Stücke schneiden, salzen, pfeffern und mit dem Zitronensaft beträufeln. Die Muscheln unter fließendem kaltem Wasser gründlich bürsten und die Bärte entfernen. Offene Muscheln wegwerfen. • Die Fischbrühe durch ein Sieb passieren, wieder erhitzen, die Muscheln und die Shrimps einlegen und mit dem Safran würzen. Die Fischstücke zugeben und alles bei milder Hitze 10–15 Minuten ziehen lassen. • Den Fisch und die Meeresfrüchte mit dem Schaumlöffel aus der Brühe heben, auf einer vorgewärmten Platte anrichten und warm stellen. Von den Muscheln jeweils eine Schalenhälfte entfernen. • Die Bouillon mit Salz, Pfeffer und dem Pernod abschmecken. Die Petersilie waschen, trockentupfen, grobhacken und zufügen. Die Suppe gesondert zur Fischplatte servieren. Jeder nimmt sich in einen tiefen Teller Fisch und Meeresfrüchte und schöpft die Suppe darüber.

La rouille

2 Knoblauchzehen · 2 Peperonischoten · 6 Eßl. Olivenöl · etwa 3 Eßl. Semmelbrösel
Insgesamt etwa 2660 Joule/635 Kalorien

So wird's gemacht: Die Knoblauchzehen

schälen und mit den Peperonischoten in einem Mörser zu einem glatten Brei stoßen. Das Olivenöl nach und nach einrühren. So viel Semmelbrösel zugeben, bis eine breiige Masse entsteht.

Paella

Diese berühmte spanische Spezialität wird in jeder Provinz etwas anders zubereitet. Hinein kommt, was gerade frisch auf dem Markt zu haben ist. Das folgende Rezept wurde für unsere Verhältnisse etwas umgebastelt.

Zutaten für 6 Personen:
1 küchenfertiges Hähnchen von etwa 800 g ·
2 Zwiebeln · 3 Knoblauchzehen · je 1 grüne
und rote Paprikaschote · 4 Tomaten · 1 Tasse
Olivenöl · Salz · weißer Pfeffer · 300 g
Langkornreis · 1 l heiße Fleischbrühe ·
2 Messerspitzen Safran · 250 g Rotbarschfi-
let · 200 g Krabben oder Langustenschwänze
aus der Dose · 250 g Miesmuscheln aus der
Dose · 1 Tasse tiefgefrorene Erbsen ·
$^1/_8$ l trockener Weißwein · 10 grüne gefüllte
Oliven · 6 kleine Schweinsbratwürstchen
Pro Person etwa 3495 Joule/835 Kalorien

● Zubereitungszeit: 1 Stunde und 30 Minuten

So wird's gemacht: Das Hähnchen in 8 Teile zerlegen, mit Küchenkrepp trockentupfen. Die Zwiebeln und die Knoblauchzehen schälen und feinhacken. Die Paprikaschoten putzen, waschen und in feine Streifen schneiden. Die Tomaten überbrühen, häuten und achteln. • Den größten Teil des Öls in einer großen tiefen Pfanne erhitzen. Die Hähnchentei-

le mit Salz und Pfeffer einreiben und im heißen Öl ringsum in etwa 10 Minuten goldbraun braten. • Die Zwiebeln, den Knoblauch und den Reis zugeben und unter Rühren glasig werden lassen. Die Paprikaschoten zufügen. Das Gericht mit der heißen Fleischbrühe aufgießen und mit dem Safran würzen. 15 Minuten ohne umzurühren köcheln lassen. • Das Fischfilet waschen, mit Küchenkrepp trockentupfen, würfeln und leicht salzen. Die Krabben oder Langustenschwänze und die Muscheln abtropfen lassen. Alles mit den Erbsen und den Tomaten vorsichtig unter den Reis mischen. Den Wein darübergießen und das Reisgericht bei sehr milder Hitze 10–15 Minuten ziehen lassen. • Die Oliven halbieren. Das restliche Öl in einer zweiten Pfanne erhitzen und die Bratwürstchen darin knusprig braten. • Die Paella mit den Oliven und den Würstchen garnieren und heiß aus der Pfanne servieren.

Chinesischer Eintopf

Wenn man die Ruhezeit nicht mit einberechnet, sind die Chinesen Meister schneller Kochkunst. Die Zutaten werden bei großer Hitze nur kurz gegart. Das Gemüse soll bei allen Gerichten knackig bleiben.

Zutaten für 4 Personen:
5 mittelgroße getrocknete chinesische Pilze ·
500 g Rinderfilet · 2 Eßl. Sojasauce · 2 Eßl.
trockener Sherry · 1 Eßl. Speisestärke ·
1 kleine Zwiebel · 2 Knoblauchzehen · 1 grü-
ne Paprikaschote · 150 g Bambussprossen aus
der Dose · 150 g Sojabohnenkeimlinge aus
der Dose · 2 Eßl. Öl · $^1/_4$ l heiße Fleischbrühe
Pro Person etwa 1155 Joule/275 Kalorien

- Ruhezeit: 1 Stunde
- Zubereitungszeit: 30 Minuten

So wird's gemacht: Die Pilze in heißem Wasser 1 Stunde einweichen. Das Fleisch in sehr dünne Scheiben schneiden. Die Sojasauce mit dem Sherry und der Speisestärke verrühren. Das Fleisch in eine Schüssel geben, mit der Marinade übergießen und zugedeckt 1 Stunde ruhen lassen. • Die Zwiebel und die Knoblauchzehe schälen und feinhacken. Die Paprikaschote putzen, entkernen, waschen und in Streifen schneiden. Die Bambussprossen, die Sojabohnenkeimlinge und die Pilze abtropfen lassen. Die Bambussprossen in Scheiben schneiden. • 1 Eßlöffel Öl in einer Pfanne erhitzen und das Fleisch mit der Marinade 3 Minuten unter Wenden braten. Dann beiseite stellen. • Das restliche Öl in einer Kasserolle erhitzen, die Zwiebel und die Knoblauchzehe darin goldgelb braten. Die Paprikaschote, die Bambussprossen, die Sojabohnenkeimlinge und die Pilze zugeben. Alles unter Rühren 3 Minuten schmoren lassen. • Das Fleisch mit der Sauce einrühren und die Fleischbrühe zugießen. Das Gericht bei milder Hitze 3 Minuten durchziehen lassen.

Mein Tip Wenn Sie Fleisch in dünne Scheiben oder feine Streifen schneiden wollen, legen Sie es vorher zum Anfrieren 1 Stunde ins Tiefkühlfach, es läßt sich dann viel leichter schneiden. Vielleicht ist aber auch Ihr Metzger so nett, das Fleisch für Sie zurechtzuschneiden.

Jambalaya

Das scharfe Reisgericht brasilianischen Ursprungs wird auch in den USA gerne gegessen. Folgendes Rezept ist eine Spezialität aus New Orleans.

Zutaten für 6 Personen:
125 g durchwachsener Speck · 4 Eßl. Öl · 300 g Langkornreis · 1 l heiße Fleischbrühe · 150 g Kasseler Fleisch ohne Knochen · 1 kleines gebratenes Hähnchen · 250 g Shrimps · 1 große Zwiebel · 1 Knoblauchzehe · je 1 gelbe und rote Paprikaschote · 1 grüne Pfefferschote · 4 Tomaten · 1/2 Tasse trockener Weißwein · Salz · Pfeffer · 1 Teel. Rosenpaprikapulver · Cayennepfeffer · 1 Eßl. feingehackte Petersilie
Pro Person etwa 3245 Joule/775 Kalorien

- Zubereitungszeit: 30 Minuten
- Garzeit: 40 Minuten

So wird's gemacht: Den Speck in Scheiben schneiden und in einer großen Kasserolle glasig braten, dann herausnehmen und auf Küchenkrepp legen. • 2 Eßlöffel Öl in der gleichen Kasserolle erhitzen und den Reis darin glasig werden lassen. Die heiße Fleischbrühe zugießen. Den Reis bei milder Hitze 15 Minuten kochen lassen. • Den Backofen auf 175° vorheizen. • Das Kasseler in Würfel schneiden. Das gebratene Hähnchen häuten, das Fleisch von den Knochen lösen und in Streifen schneiden. Die Shrimps mit Küchenkrepp trockentupfen. Das Kasseler, das Hähnchenfleisch und die Shrimps unter den Reis mischen. Die Kasserolle zudecken und auf die mittlere Schiebeleiste des Backofens stellen und 30 Minuten schmoren lassen. • Die Zwie-

bel und die Knoblauchzehe schälen und feinhacken. Die Paprikaschoten und die Pfefferschote putzen, entkernen, waschen und in
Streifen schneiden. Die Tomaten überbrühen,
häuten und vierteln. • Das restliche Öl in einer Pfanne erhitzen. Die Zwiebel, den Knoblauch und die Schoten darin 5 Minuten unter
Rühren anbraten. Die Tomaten zugeben und
das Gemüse noch 5 Minuten schmoren lassen.
Den Pfanneninhalt unter das Reisfleisch mischen. • Den Wein zugießen und das Gericht
mit Salz und den Gewürzen abschmecken.
Die Speckscheiben obenauflegen und alles
5–10 Minuten weiter im Ofen durchziehen
lassen, bis die Flüssigkeit fast aufgesogen ist. •
Das Jambalaya mit der Petersilie bestreuen.

> **Mein Tip** Geben Sie zunächst nur
> eine Messerspitze Cayennepfeffer an
> das Gericht und würzen Sie dann nach
> Geschmack nach.

Provenzalisches Hähnchen

Zutaten für 4 Personen:
2 küchenfertige Hähnchen zu je etwa 700 g ·
1 Teel. edelsüßes Paprikapulver · je 1/2 Teel.
getrockneter Thymian und Rosmarin ·
12 Schalotten · 1 rote Paprikaschote · 250 g
Champignons · 3 Eßl. Olivenöl · 3 Eßl. But-
ter · Salz · weißer Pfeffer · 2 Knoblauchze-
hen · 1/4 l heiße Fleischbrühe · 1/8 l trockener
Weißwein · 100 g gefüllte grüne Oliven
Pro Person etwa 2575 Joule/615 Kalorien

● Zubereitungszeit: 30 Minuten
● Garzeit: 30 Minuten

<u>So wird's gemacht:</u> Die Hähnchen jeweils in
4 Teile zerlegen, mit Küchenkrepp trockentupfen und mit dem Paprikapulver, dem Thymian und dem Rosmarin einreiben. • Die
Schalotten schälen. Die Paprikaschote putzen, entkernen, waschen und in Streifen
schneiden. Die Champignons putzen, waschen und halbieren, große Pilze in Scheiben
schneiden. • Das Öl und die Butter in einer
großen Pfanne erhitzen und die Hähnchenteile darin ringsum goldbraun anbraten. Mit Salz
und Pfeffer würzen und in eine Kasserolle legen. • Die Schalotten im gleichen Fett in der
Pfanne leicht anbräunen, die Pilze zugeben
und 3 Minuten unter Wenden mitbraten lassen. Die Knoblauchzehen dazupressen. • Die
Zwiebel-Pilz-Mischung und die Paprikaschote zu den Hähnchenteilen in die Kasserolle
geben. Die Fleischbrühe und den Wein zugießen. Alles zum Kochen bringen und bei milder Hitze zugedeckt in etwa 30 Minuten garen. • Die Oliven 10 Minuten vor Ende der
Garzeit in die Kasserolle geben. Das fertige
Gericht eventuell mit Salz und Pfeffer nachwürzen.

Sautieren: kleine Gemüse- oder Fleischstücke in
einer Pfanne in etwas Butter anrösten und dabei
häufig schwenken.

Ghivetch National

Bild Titelseite

Für den rumänischen Gemüsetopf mit Kalbfleisch und Weintrauben müssen Sie sich etwas Zeit nehmen. Die Vorarbeit ist recht aufwendig, aber sie lohnt sich. Ihre Gäste werden zufrieden sein. Sie müssen sich auch nicht streng an die empfohlenen Gemüsezutaten halten. Sie können nach Ihrem Geschmack kombinieren, von einer Sorte mehr, von der anderen weniger verwenden.

Zutaten für 6 Personen:
1 kg Kalbsbrust ohne Knochen · Salz · weißer Pfeffer · 50 g Mehl · 2 Zwiebeln · 2 Knoblauchzehen · 4 Eßl. Öl · 6 Eßl. Butter · ³/₄ l Fleischbrühe · 2 Eßl. Tomatenmark · 2 große Kartoffeln · 1 große Aubergine · etwa 250 g Zucchini · 250 g Weißkohl · 250 g Möhren · je 1 grüne und gelbe Paprikaschote · etwa 350 g Blumenkohl · 125 g grüne Bohnen · ¹/₂ Bund Petersilie · knapp ¹/₄ l trockener Rotwein · je ¹/₂ Teel. getrockneter Thymian und Majoran · 4 Tomaten · 125 g grüne kernlose Weintrauben
Pro Person etwa 1988 Joule/475 Kalorien

- Zubereitungszeit: 1 Stunde
- Garzeit: 1 Stunde

So wird's gemacht: Die Kalbsbrust mit einem feuchten Tuch abreiben, in 3 cm große Würfel schneiden, salzen, pfeffern und in dem Mehl wenden. • Die Zwiebeln schälen und in nicht zu dünne Scheiben schneiden. Die Knoblauchzehen schälen und feinhacken. • 2 Eßlöffel Öl und 2 Eßlöffel Butter in einer großen Pfanne erhitzen. Die Fleischwürfel in zwei Portionen in dem heißen Fett ringsum braun anbraten, herausnehmen und in eine große Kasserolle umfüllen. Die Zwiebeln und den Knoblauch in derselben Pfanne glasig werden lassen, wenn nötig etwas Öl zugeben. Die Zwiebelmischung über dem Kalbfleisch verteilen. • Den Bratsatz in der Pfanne mit ¹/₄ l heißer Fleischbrühe und dem Tomatenmark loskochen und in die Kasserolle gießen. • Die Kartoffeln und alles Gemüse putzen und waschen. Die geschälten Kartoffeln, die Aubergine und die Zucchinis (ungeschält) in etwa 4 cm große Würfel schneiden. Den Weißkohl, die Möhren und die Paprikaschoten in 5 cm lange schmale Streifen schneiden. Den Blumenkohl in kleine Röschen teilen, die Bohnen der Länge nach halbieren. • Das restliche Öl und die restliche Butter in der Pfanne erhitzen und die Gemüse, jedes für sich, unter gelegentlichem Wenden sautieren, bis die Stückchen leicht gebräunt sind, und zwar in folgender Reihenfolge: Aubergine, Kartoffeln, Möhren, Bohnen, Paprikaschoten, Zucchini, Blumenkohl und Weißkohl. Das sautierte Gemüse in getrennten Schichten in die Kasserolle geben. Jede Lage sparsam salzen. Die Petersilie waschen, trockentupfen und feinhacken. • Den Backofen auf 175° vorheizen. • Die restliche Fleischbrühe und den Rotwein mit der Petersilie, dem Thymian und dem Majoran in die Pfanne geben, erhitzen und alle Bratenreste gut losrühren. Den Pfanneninhalt seitlich am Kasserollenrand zu dem Gemüse gießen. Alles bei starker Hitze in der Kasserolle zum Kochen bringen. Die Kasserolle verschließen, auf die mittlere Schiebeleiste des Backofens stellen und 45 Minuten schmoren lassen. • Die Tomaten überbrühen, häuten und vierteln. Die Weintrauben waschen, trockentupfen und abzupfen. Tomaten und Trauben in die Kasserolle geben und weitere 15 Minuten mitschmoren lassen.

Scharfe Mitternachtsterrine

Das gut gewürzte Gericht kann man natürlich auch zu anderen Tageszeiten auslöffeln. Als Katerimbiß ist es besonders gut geeignet.

Zutaten für 6 Personen:
450 g Putenschnitzel oder ausgelöstes Hühnchenfleisch · 1 große Zwiebel · 1 Knoblauchzehe · 2 Eßl. Öl · 4 Eßl. Tomatenmark · 1 Eßl. edelsüßes Paprikapulver · 1 Teel. Curry · 1 Teel. getrocknetes Basilikum · ¹/₂ Teel. getrockneter Oregano · 1¹/₂ l Fleischbrühe · 450 g tiefgefrorenes Suppengemüse · 4 Tomaten · 200 g Krabben · Salz · schwarzer Pfeffer · Tabascosauce
Pro Person etwa 880 Joule/210 Kalorien

● Zubereitungszeit: 15 Minuten
● Garzeit: 45 Minuten

So wird's gemacht: Das Geflügelfleisch in kleine Scheiben schneiden. Die Zwiebel und die Knoblauchzehe schälen und feinhacken. • Das Öl in einer großen Kasserolle erhitzen, die Zwiebel und den Knoblauch darin glasig braten. Das Fleisch zugeben und unter Wenden leicht anbräunen. • Das Tomatenmark, das Paprikapulver, den Curry und die Kräuter dazurühren und 2 Minuten durchschmoren lassen. • Die Fleischbrühe zugießen und alles 20 Minuten bei mittlerer Hitze kochen. • Das Gemüse zugeben und weitere 15 Minuten köcheln lassen. • Die Tomaten überbrühen, häuten und zerkleinern, mit den Krabben in die Kasserolle geben und in 5 Minuten mit heiß werden lassen. • Das Gericht mit Salz, Pfeffer und Tabascosauce würzig abschmecken.

Rehragout mit Pilzen

Zutaten für 4 Personen:
750 g Rehschulter ohne Knochen · 75 g durchwachsener Speck · 1 große Zwiebel · 1 Knoblauchzehe · 2 Möhren · 1 Stange Lauch · 3 Eßl. Butter · Salz · schwarzer Pfeffer · ¹/₈ l heiße Fleischbrühe · ¹/₈ l trockener Rotwein · 125 g Champignons · 125 g Pfifferlinge aus der Dose · 1 Bund Petersilie · 1 Eßl. Sojasauce · ¹/₈ l saure Sahne
Pro Person etwa 2030 Joule/485 Kalorien

● Zubereitungszeit: 30 Minuten
● Garzeit: 55 Minuten

So wird's gemacht: Das Rehfleisch von Häuten und Sehnen befreien und in mundgerechte Stücke schneiden. Den Speck würfeln. Die Zwiebel und die Knoblauchzehe schälen und feinhacken. Die Möhren und den Lauch putzen, waschen und in Scheiben schneiden. • Die Butter in einem Schmortopf erhitzen. Den Speck, die Zwiebel und den Knoblauch darin glasig braten. Die Fleischwürfel und das Gemüse zugeben, unter Rühren kräftig anbraten, salzen und pfeffern. • Die heiße Fleischbrühe und den Rotwein einrühren. Alles 45 Minuten zugedeckt schmoren lassen. • Die Champignons putzen, waschen und in Scheiben schneiden. Die Pfifferlinge abtropfen lassen. Die Petersilie waschen, trockentupfen und feinhacken. • Die Pilze in das Ragout geben und das Gericht weitere 10 Minuten köcheln lassen. • Das Ragout mit der Sojasauce abschmecken, die saure Sahne einrühren, mit Salz und Pfeffer nachwürzen. Vor dem Servieren mit der Petersilie bestreuen.

Brasilianischer Eintopf

Zutaten für 6 Personen:
1 küchenfertige Poularde von etwa 1 kg ·
Salz · ¹/₂ l Wasser · 500 g Goldbarschfilet ·
Saft von ¹/₂ Zitrone · 1 große grüne Paprika-
schote · 1 große Zwiebel · 2 Knoblauch-
zehen · 2 Eßl. Öl · 200 g Muscheln aus der
Dose · 150 g Palmitos aus der Dose · 200 g
Krabben · ¹/₂ Teel. getrockneter Estragon ·
2 Lorbeerblätter · 2 Pimentkörner · 4 schwar-
ze Pfefferkörner · 2 große Fleischtomaten ·
1 Prise Safran · 1 gehäufter Teel. Speisestärke
Pro Person etwa 1633 Joule/390 Kalorien

- Zubereitungszeit: 1 Stunde
- Garzeit: 30 Minuten

<u>So wird's gemacht:</u> Die Poularde häuten, das Fleisch von den Knochen lösen und in mundgerechte Stücke schneiden. • Aus den Knochen, der Haut und den Innereien, wenn vorhanden, mit dem gesalzenem Wasser in etwa 30 Minuten eine Bouillon kochen. • Das Fischfilet grob würfeln, mit dem Zitronensaft beträufeln und zugedeckt beiseite stellen. • Die Paprikaschote putzen, waschen und in Streifen schneiden. Die Zwiebel und die Knoblauchzehen schälen und feinhacken. • Das Öl in einem Pfännchen erhitzen, die Zwiebel und den Knoblauch darin goldgelb braten. • Die Muscheln und die Palmitos abtropfen lassen. Die Krabben mit Küchenkrepp trockentupfen. Die Palmitos in Scheiben schneiden. • Das Hühnerfleisch, die Fischwürfel, die Paprikaschote, die Muscheln und die Krabben mischen, die Palmitos vorsichtig unterheben. Mit Salz und dem Estra-

gon würzen. • Die Zwiebel-Knoblauch-Mischung auf den Boden einer feuerfesten Form verteilen. Die Lorbeerblätter, die Piment- und Pfefferkörner darauflegen. Die Hühnerfleisch-Fisch-Mischung einfüllen. • Den Backofen auf 200° vorheizen. • Die Tomaten überbrühen, häuten, in Scheiben schneiden

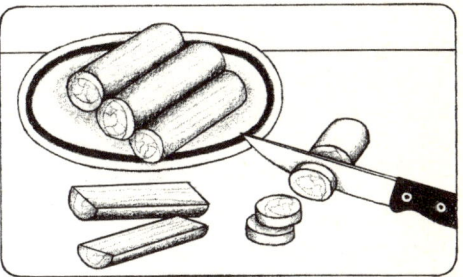

Palmitos, auch Palmenherzen oder Palmenmark genannt, haben einen leicht säuerlichen feinen Geschmack.

und den Eintopf damit bedecken. Die Hühnerbouillon durchseihen, mit dem Safran aufkochen. Die Speisestärke mit wenig Wasser anrühren und die Brühe damit binden. Die angedickte Brühe über den Eintopf gießen. Die Form mit Alufolie zudecken und auf die mittlere Schiebeleiste des Backofens stellen. Das Gericht in etwa 30 Minuten garen.

Mein Tip Palmitos, Palmenherzen oder Palmenmark nennt man das weiche Innere sprießender Blattstiele verschiedener Palmenarten. Palmitos sind zart wie Spargelköpfe und haben einen sehr feinen Geschmack. Sie müssen vorsichtig geschnitten werden, sonst zerfallen sie.

Pichelsteiner

Das Pichelsteiner, auch Bichelsteiner oder Büchelsteiner genannt, ist ein beliebter deutscher Eintopf. Namensgeber soll der bei Regen in Bayern gelegene Berg Büschelstein sein.

Zutaten für 6 Personen:
200 g Rindfleisch (Hochrippe) · 200 g Lammfleisch (Keule oder Schulter) · 200 g mageres Schweinefleisch · 2 Stangen Lauch · 2 Zwiebeln · 4 Möhren · ¹/₂ Sellerieknolle · 500 g Kartoffeln · 350 g Weißkohl · 50 g Schweineschmalz · Salz · schwarzer Pfeffer · 1 Teel. getrockneter Majoran · 1 Lorbeerblatt · ¹/₂ l Fleischbrühe · 1 Bund Petersilie
Pro Person etwa 1990 Joule/475 Kalorien

- Zubereitungszeit: 30 Minuten
- Garzeit: 1 Stunde und 30 Minuten

So wird's gemacht: Das Fleisch in große Würfel schneiden. Den Lauch putzen, gründlich waschen und in Scheiben schneiden. Die Zwiebeln schälen und in Ringe schneiden. Die Möhren schaben, den Sellerie und die

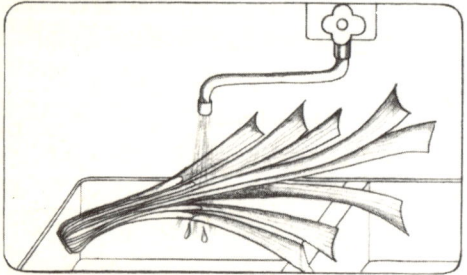

Lauch läßt sich gründlich waschen, indem man die Blätter auseinanderdrückt.

Kartoffeln schälen, alles waschen und würfeln. Den Kohl vom Strunk befreien, waschen und hobeln. • Das Schmalz in einem Schmortopf erhitzen, die Fleischwürfel und die Zwiebelringe darin unter Rühren gut 5 Minuten anbraten. • Das Fleisch mit den Zwiebeln, das Gemüse und die Kartoffeln lagenweise in einen großen Topf schichten. Jede Schicht leicht salzen, pfeffern und mit etwas Majoran bestreuen. Als oberste Lage Kartoffeln einschichten. Das Lorbeerblatt darauflegen. Die Fleischbrühe zugießen, das Gericht zum Kochen bringen und gut zugedeckt, ohne umzurühren, bei milder Hitze 1¹/₂ Stunden garen. • Die Petersilie waschen, trockentupfen und feinhacken. Den Eintopf vor dem Servieren mit der Petersilie bestreuen.

Ungarisches Paprikahähnchen

Zutaten für 4 Personen:
1 küchenfertiges Hähnchen von 1 kg · Salz · 1 Eßl. mittelscharfes Paprikapulver · 2 Zwiebeln · 1 Knoblauchzehe · 1 grüne Paprikaschote · 3 Eßl. Öl · 3–4 Eßl. Tomatenmark · 700 g Sauerkraut · ¹/₂ l Wasser · 8 kleine Kartoffeln · schwarzer Pfeffer
Pro Person etwa 1800 Joule/430 Kalorien

- Zubereitungszeit: 30 Minuten
- Garzeit: 1 Stunde

So wird's gemacht: Das Hähnchen in 6–8 Teile zerlegen und kräftig mit Salz und dem Paprikapulver einreiben. Die Zwiebeln und die Knoblauchzehe schälen und feinhacken. Die Paprikaschote putzen, waschen und in

Stücke schneiden. • Das Öl in einem großen Topf erhitzen, die Zwiebeln und den Knoblauch darin glasig braten. Die Hähnchenteile einlegen und ringsum goldbraun braten. • Das Tomatenmark mit 3 Eßlöffeln Wasser verrühren und zu den Hähnchenteilen gießen. Die Paprikaschote und das aufgelockerte Sauerkraut zugeben. Mit dem Wasser auffüllen und das Gericht etwa 1 Stunde bei milder Hitze garen, eventuell zwischendurch etwas Wasser zugießen. Die Kartoffeln schälen, waschen und halbieren, 25 Minuten vor Ende der Garzeit auf das Kraut legen. Mit Salz und Pfeffer abschmecken.

Gaisburger Marsch

In Gaisburg, einer Vorstadt Stuttgarts, stand das Wirtshaus »Zur Bäckerschmiede«, das berühmt für seine vorzüglichen Eintöpfe war. Die Stuttgarter marschierten mit Kind und Kegel dorthin, um sich an den Spezialitäten zu laben. Das Lieblingsgericht wurde schließlich der Gaisburger Marsch genannt.

Zutaten für 4 Personen:
500 g Rindfleisch (Nacken) · 250 g Suppenknochen · 2 Zwiebeln · 1 Lorbeerblatt · 2 Gewürznelken · Salz · Pfeffer · 1 kleine Sellerieknolle · 2 Möhren · 1 Petersilienwurzel · 2 Stangen Lauch · 3 große Kartoffeln · 1/2 Bund Petersilie · 2 Tassen gekochte Spätzle · 1 Eßl. Butter
Pro Person etwa 1865 Joule/445 Kalorien

- Zubereitungszeit: 15 Minuten
- Garzeit: 2 Stunden

<u>So wird's gemacht:</u> Das Fleisch und die Knochen gut mit Wasser bedeckt aufsetzen. Eine Zwiebel mit dem Lorbeerblatt und den Nelken spicken und zum Fleisch geben. Die Brühe salzen und pfeffern und das Fleisch 90 Minuten bei mittlerer Hitze kochen lassen. Gelegentlich den Schaum abschöpfen. • Das Gemüse putzen, die Kartoffeln schälen, alles waschen und in grobe Stücke schneiden. • Das Fleisch aus der Brühe nehmen und beiseite stellen. Die Zwiebel entfernen. Die Brühe durch ein Sieb in einen großen Topf gießen. • Das Gemüse und die Kartoffeln in die Brühe geben und 30 Minuten kochen lassen. • In der Zwischenzeit das Fleisch in mundgerechte Stücke schneiden, die Petersilie waschen, trockentupfen und feinhacken. • Die Spätzle, die Fleischstücke und die Petersilie zur Gemüse-Kartoffel-Mischung geben und alles noch 5 Minuten durchziehen lassen. • Die zweite Zwiebel schälen und in Ringe schneiden. Die Butter in einem Pfännchen erhitzen und die Zwiebel darin goldbraun braten. Die Zwiebelringe vor dem Servieren über den Eintopf verteilen.

Opis Kartoffelterrine

Opi, so nannten wir unsere Großmutter, stellte diese Spezialterrine fast jeden Samstag dampfend und duftend auf den Mittagstisch, mal mit Frankfurter Würstchen oder dicken Fleischwurstscheiben, mal mit geräucherter Knoblauchwurst oder gebratener Blutwurst. Der »große Vater«, unser Opa, mochte sie am liebsten mit in Butter gerösteten Weißbrotwürfeln.

Zutaten für 4 Personen:
75 g durchwachsener Speck · 3 Zwiebeln ·

2 große Möhren · ¹/₄ Sellerieknolle · 1 Stange
Lauch · 5 große Kartoffeln · 1 Eßl. Schweineschmalz · gut 1 l Fleischbrühe · 1 Lorbeerblatt · 4 Wacholderbeeren · 1 Zweig Bohnenkraut · 1 Eßl. Butter · 1 Prise Zucker ·
Salz · weißer Pfeffer · ¹/₈ l Sahne
Pro Person etwa 2095 Joule/500 Kalorien

● Zubereitungszeit: 25 Minuten
● Garzeit: etwa 40 Minuten

So wird's gemacht: Den Speck würfeln. Eine
Zwiebel schälen und feinhacken. Das Gemüse
putzen, waschen und kleinschneiden. Die
Kartoffeln waschen, schälen und würfeln. •
Das Schmalz in einem großen Topf erhitzen
und den Speck darin glasig braten. Die Zwiebel und das vorbereitete Gemüse zugeben
und unter Rühren 3–5 Minuten mit anbraten.
Die Kartoffeln zufügen und die Fleischbrühe
angießen. Das Lorbeerblatt, die Wacholderbeeren und das Bohnenkraut in den Topf geben. Alles halbzugedeckt etwa 40 Minuten
köcheln lassen. • Kurz vor Ende der Garzeit
die restlichen Zwiebeln schälen und in Ringe
schneiden. • Die Butter in einer Pfanne heiß
werden lassen und die Zwiebeln darin goldbraun braten. • Das Lorbeerblatt und das
Bohnenkraut entfernen, dann den Kartoffel-
eintopf mit dem Schneebesen kräftig durchrühren. Mit dem Zucker, Salz und Pfeffer abschmecken und die Sahne unterziehen. • Das
Gericht in eine vorgewärmte Terrine füllen
und die Zwiebelringe darauf verteilen.

Mein Tip Die Wacholderbeeren vor
der Verwendung sanft zerdrücken,
dann teilt sich das Aroma dem Gericht
besser mit.

Kichererbsen-Eintopf

Bild Seite 56

Kichererbsen sind Hülsenfrüchte, die in Griechenland schon zu Zeiten Homers ein Volks-
nahrungsmittel waren. Sie wurden als Suppe,
Brei, Gemüse, aber auch als Kaffee-Ersatz
verwertet. Anbaugebiete sind heute Asien
und der Mittelmeerraum. Die gelblichen Sa-
men werden wie Erbsen zubereitet, ihr herb-
bitterer Geschmack gibt besonders Eintopfgerichten die pikante Würze.

Zutaten für 6 Personen:
375 g Kichererbsen · 2 l Wasser · 750 g
Lammfleisch (Nacken) · 200 g durchwachse-
ner Speck · 1 gehäufter Eßl. gekörnte Brühe ·
je ¹/₄ Teel. weißer Pfeffer und Knoblauchpul-
ver · 1 Teel. getrockneter Majoran · 1 gute
Prise getrockneter Rosmarin · 1 Teel. Küm-
mel · 500 g Wirsing · 2 mittelgroße Kartof-
feln · Salz
Pro Person etwa 3725 Joule/890 Kalorien

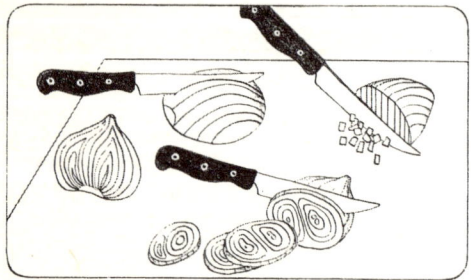

Für Zwiebelwürfel werden halbierte Zwiebeln zuerst senkrecht und dann quer geschnitten.

- Einweichzeit: 12 Stunden
- Zubereitungszeit: 1 Stunde und 30 Minuten

So wird's gemacht: Die Kichererbsen über Nacht in dem Wasser einweichen. • Die Erbsen im Einweichwasser zusammen mit dem Lammfleisch und dem Speck aufsetzen und bei schwacher Hitze 80–90 Minuten kochen lassen. Zwischendurch abschäumen. • Etwa 35 Minuten vor Ende der Garzeit die gekörnte Brühe und die Gewürze einrühren. • Den Wirsing putzen, waschen und in Streifen schneiden. Die Kartoffeln schälen, waschen und würfeln. Beides in den Eintopf geben und gar kochen. • Kurz vor Ende der Garzeit das Fleisch und den Speck herausnehmen, in Scheiben schneiden und wieder zurück in den Eintopf geben. Das Gericht mit Salz abschmecken.

Bunter Gurkentopf

Die Gemüse- oder Schmorgurken sind kleiner und dicker als ihre Schwestern, die schlanken Salatgurken. Sie schmecken besonders gut, wenn sie vollreif, also schon gelblich sind. Sie werden nur im Spätsommer angeboten.

Zutaten für 4 Personen:
125 g durchwachsener Speck · 1 große Zwiebel · 500 g Fleischwurst · 1 kg Gemüsegurken · 4 Fleischtomaten · 2 Eßl. Butter · Salz · weißer Pfeffer · 1 Prise Zucker · 1/2 Teel. edelsüßes Paprikapulver · knapp 1/8 l Fleischbrühe · 1 Bund Dill · 1/10 l saure Sahne
Pro Person etwa 3100 Joule/740 Kalorien

- Zubereitungszeit: 1 Stunde

So wird's gemacht: Den Speck würfeln, die Zwiebel schälen und in Ringe schneiden, die Fleischwurst häuten und in Scheiben schneiden. Die Gurken waschen, schälen, der Länge nach halbieren, die Kerne herausschaben und die Gurken in große Stücke schneiden. Die Tomaten überbrühen, häuten und vierteln. • Die Butter in einem Topf erhitzen, den Speck und die Zwiebelringe darin glasig braten. Die Wurst zufügen und unter Rühren leicht anbräunen lassen. Die Gurken und die Tomaten zugeben. Mit Salz, Pfeffer, Zucker und Paprikapulver würzen, die Fleischbrühe zugießen und alles zugedeckt bei milder Hitze 20 Minuten schmoren lassen. • Den Dill waschen, trockentupfen, feinhacken und mit der sauren Sahne in den Gurkentopf rühren.

Mein Tip Gießen Sie zunächst nur wenig Fleischbrühe an. Wenn die Gurken und Tomaten sehr saftig sind, könnte der Eintopf zu flüssig werden.

Bohneneintopf mit Lammfleisch

Zutaten für 6 Personen:
750 g Lammschulter · 1 Zwiebel · 2 Eßl. Öl · Salz · weißer Pfeffer · 750 g grüne Bohnen · 500 g Kartoffeln · 4 große Tomaten · gut 1/8 l heiße Fleischbrühe · 3 Stengel Bohnenkraut
Pro Person etwa 1970 Joule/470 Kalorien

- Zubereitungszeit: 30 Minuten
- Garzeit: 1 Stunde und 30 Minuten

39

So wird's gemacht: Den Backofen auf 200°
vorheizen. • Das Fleisch in grobe Würfel
schneiden. Die Zwiebel schälen und feinhak-
ken. • Das Öl in einer großen Kasserolle erhitzen und das Fleisch darin ringsum anbraten. Mit Salz und Pfeffer würzen und die
Zwiebel zugeben. • Die Kasserolle auf die
mittlere Schiebeleiste des Ofens stellen und
das Fleisch 45 Minuten schmoren lassen. Zwischendurch eventuell etwas Wasser zugießen. • Die Bohnen waschen, putzen und in
Stücke brechen. Die Kartoffeln waschen,
schälen und in große Würfel schneiden. Die
Tomaten überbrühen, häuten und vierteln. •
Die Bohnen und die Kartoffeln zum Fleisch
geben und die Fleischbrühe angießen. Alles
weitere 30 Minuten im Ofen garen. • Das
Bohnenkraut waschen, trockentupfen und
feinhacken und mit den Tomaten in den Eintopf mischen. Nach 15 Minuten das Gericht
mit Salz und Pfeffer abschmecken und heiß
servieren.

Serbischer Bohneneintopf

Zutaten für 4 Personen:
200 g weiße Bohnenkerne · 200 g rote Boh-
nenkerne · 1 große Zwiebel · 200 g durch-
wachsener Speck · 2 Eßl. Öl · 1 1/4 l heiße
Fleischbrühe · 1 Lorbeerblatt · 2 Knoblauch-
zehen · 2 grüne Paprikaschoten · 2 Toma-
ten · 2 Eßl. Weinessig · 3 Eßl. saure Sahne ·
1 Messerspitze Cayennepfeffer · Salz · weißer
Pfeffer
Pro Person etwa 2430 Joule/580 Kalorien

● Einweichzeit: 12 Stunden

● Zubereitungszeit: 1 Stunde und
15 Minuten

So wird's gemacht: Die Bohnen über Nacht
in reichlich Wasser einweichen. • Die Bohnen
in ein Sieb gießen und abtropfen lassen. Die
Zwiebel schälen und grobhacken, den Speck

Tomaten enthäuten: kreuzweise einschneiden und
kurz in kochendes Wasser legen.

in Würfel schneiden. • Das Öl in einem Topf
erhitzen und die Speckwürfel darin glasig braten. Die Zwiebel zugeben und unter Rühren
hellgelb werden lassen. Die Bohnen in den
Topf geben, mit der Fleischbrühe auffüllen,
das Lorbeerblatt einlegen und die Knoblauchzehen durch die Knoblauchpresse dazudrük-
ken. Alles 50–60 Minuten bei milder Hitze
kochen lassen. • Die Paprikaschoten putzen,
entkernen, waschen und in kleine Stücke
schneiden. Die Tomaten überbrühen, häuten
und vierteln. Beides zu den Bohnen geben
und alles weitere 15 Minuten köcheln lassen. •
Den Eintopf mit dem Essig, der sauren Sahne,
dem Cayennepfeffer, Salz und Pfeffer würzig
abschmecken.

Niederländischer Erbsentopf

Zutaten für 8 Personen:
500 g grüne getrocknete Erbsen · 4 l Wasser ·
4 Eisbeine von insgesamt 1¹/₂ kg · 250 g fri-
scher Schweinebauch · 750 g Kartoffeln ·
4 Stangen Lauch · 1 mittelgroße Sellerieknol-
le · 2 Stengel Selleriegrün · 250 g Knoblauch-
wurst · je 1 gute Prise getrocknetes Bohnen-
kraut und getrockneter Thymian · schwarzer
Pfeffer · Salz
Pro Person etwa 5860 Joule/1400 Kalorien

- Einweichzeit: 12 Stunden
- Zubereitungszeit: 30 Minuten
- Garzeit: etwa 2 Stunden

So wird's gemacht: Die Erbsen waschen und
über Nacht in dem Wasser einweichen. • Die
Erbsen mit dem Quellwasser, den Eisbeinen
und dem Schweinebauch in einem großen
Topf bei starker Hitze zum Kochen bringen,
dabei mehrmals den Schaum abschöpfen. Die
Hitze zurückschalten und alles halbzugedeckt
2 Stunden köcheln lassen. • Die Kartoffeln
waschen, schälen und würfeln. Den Lauch
putzen, gründlich waschen und in Ringe
schneiden. Die Sellerieknolle waschen, schälen und in Würfel schneiden. Das Selleriegrün
von den Stengeln zupfen, waschen, trockentupfen und feinhacken. Die Wurst in Scheiben
schneiden. • Nach 1¹/₂ Stunden Kochzeit die
Kartoffeln und das Gemüse in den Erbsentopf
geben und 30 Minuten mitgaren lassen. • Das
Fleisch aus dem Topf nehmen. Von den Eis-
beinstücken die Knochen und den Knorpel,
vom Schweinebauch die Schwarte entfernen
und alles in etwa 1 cm große Würfel schneiden. Die Fleischwürfel zurück in den Topf geben. Die Kräuter in den Eintopf rühren und
mit Pfeffer und Salz abschmecken.

Pluckte Finken

Schon des lustigen Namens wegen möchte ich
Ihnen das Rezept nicht vorenthalten. Der
Eintopf war in Bremen bereits vor 100 Jahren
bekannt. Obacht, er ist recht mächtig.

Zutaten für 6 Personen:
250 g weiße Bohnenkerne · 4 Zwiebeln ·
2 Eßl. Butter · 375 g durchwachsener Speck ·
³/₄ l Wasser · 500 g Kartoffeln · 500 g Möh-
ren · 500 g säuerliche Äpfel · 2–3 Eßl. Ob-
stessig · Salz · weißer Pfeffer
Pro Person etwa 2470 Joule/590 Kalorien

- Einweichzeit: 12 Stunden
- Zubereitungszeit: 1 Stunde und
30 Minuten

So wird's gemacht: Die Bohnen über Nacht
in reichlich Wasser quellen lassen. • Die Bohnen in ein Sieb gießen und abtropfen lassen.
Die Zwiebeln schälen und grobhacken. • Die
Butter in einem großen Topf erhitzen und die
Zwiebeln darin glasig braten. Den Speck im
Stück zugeben und ringsum etwa 10 Minuten
mit anbraten. Die Bohnen in den Topf geben,
das Wasser zugießen und alles 40 Minuten bei
milder Hitze kochen lassen. • Inzwischen die
Kartoffeln und die Möhren waschen, schälen
und würfeln. Die Äpfel schälen, vierteln, vom
Kerngehäuse befreien und in Scheiben
schneiden. • Den Speck aus dem Topf nehmen, die Möhren zugeben und 15 Minuten
mitkochen lassen. • Dann die Kartoffeln und

die Äpfel in den Topf füllen. Alles in 15–20 Minuten weich kochen. • Den Eintopf würzig mit dem Essig, Salz und Pfeffer abschmecken. Den Speck in Scheiben schneiden, zurück in den Eintopf geben und heiß werden lassen.

Dippehas

Die rheinische Spezialität heißt ins Hochdeutsche übersetzt soviel wie »Hase im Topf«.

Zutaten für 4 Personen:
1 küchenfertiger Hase · 4 Eßl. Mehl · 250 g Schweinebauch · 2 große Zwiebeln · 2 Knoblauchzehen · 50 g altbackenes Schwarzbrot · 2 Eßl. Öl · 3 Lorbeerblätter · 1 Prise Nelkenpulver · Salz · schwarzer Pfeffer · 1 Flasche Rotwein (0,7 l)
Pro Person etwa 4390 Joule/1050 Kalorien

● Zubereitungszeit: 30 Minuten
● Garzeit: 1 Stunde und 30 Minuten

So wird's gemacht: Den Hasen in 8–10 Stücke zerlegen und in Mehl wenden. Den Schweinebauch in grobe Würfel schneiden. Die Zwiebeln und die Knoblauchzehen schälen und feinhacken. Das Brot reiben. • Das Öl in einem großen Schmortopf erhitzen und die Schweinebauchwürfel darin ringsum scharf anbraten. Das Fleisch herausnehmen. • Dann die Hasenstücke in dem Topf bei starker Hitze anbraten. Die Zwiebeln und den Knoblauch zugeben und bei reduzierter Hitze glasig braten. • Das Schweinefleisch, das Brot, die Lorbeerblätter und das Nelkenpulver zugeben. Mit Salz und reichlich Pfeffer würzen. Den Wein zugießen und alles zugedeckt bei milder Hitze 1½ Stunden schmoren lassen.

Linsentopf Sabaudia

Linsen und Spätzle sind jedem Schwaben ein Begriff. Wenn man aber in Sabaudia, einer Stadt südlich von Rom bei einem Espresso in einer Bar sitzt und sieht, wie der Besitzer genüßlich Linsen mit Nudeln löffelt, guckt man zweimal hin. Ich habe wohl noch öfter hingeschaut, denn der Chef ließ mich probieren. Hier ist das Rezept.

Zutaten für 4 Personen:
200 g Linsen · gut 1 l Wasser · ½ kleine Sellerieknolle · 1 Stengel Selleriegrün · 6 Knoblauchzehen · 125 g durchwachsener Speck · 450 g geschälte Tomaten aus der Dose · Salz · schwarzer Pfeffer · gekörnte Brühe · 200 g Spaghetti
Pro Person etwa 2595 Joule/620 Kalorien

● Einweichzeit: 12 Stunden
● Zubereitungszeit: 1 Stunde und 10 Minuten

So wird's gemacht: Die Linsen über Nacht in dem Wasser quellen lassen. • Die Sellerieknolle und das Selleriegrün waschen, die Knolle und die Knoblauchzehen schälen. Alles unzerkleinert mit den Linsen und dem Speck im Einweichwasser aufsetzen und bei milder Hitze etwa 50 Minuten kochen lassen. • Nach 30 Minuten Kochzeit die Tomaten mit dem Saft einrühren. Sollte die Konsistenz zu dick sein, etwas heißes Wasser zugeben. • Das Selleriegrün und die Knolle entfernen. • Den Speck aus dem Topf nehmen. Das Gericht mit Salz, Pfeffer und gekörnter Brühe würzen. • Die Spaghetti in etwa 5 cm lange Stücke brechen und in dem Linsentopf in 10–12 Minuten nicht zu weich werden lassen.

Mein Tip Lassen Sie sich von der Vielzahl der Knoblauchzehen im Rezept nicht abschrecken. Die Zehen verlieren bei der langen Kochzeit an Schärfe, geben aber dem Eintopf den typischen Wohlgeschmack. Der Speck wird übrigens nicht in den Eintopf geschnitten. Er schmeckt später mit Senf auf Bauernbrot.

Wendische Dobsche

Manche Gerichte geraten, aus welchen Gründen auch immer, irgendwann in Vergessenheit, wie die saftige Wendische Dobsche, ein Eintopf, der rund um Berlin beliebt war.

Zutaten für 4 Personen:
500 g Zwiebeln · 750 g Schweinefleisch (Nakken) · 500 g Kartoffeln · 1 Bund Petersilie · Salz · schwarzer Pfeffer · $^1/_8$ l heiße Fleischbrühe · 250 g Sahnequark (40%) · $^1/_8$ l Milch · 1 Teel. Kümmel · 1 Teel. Speisestärke Für die Form: Butter
Pro Person etwa 4165 Joule/995 Kalorien

- Zubereitungszeit: 25 Minuten
- Garzeit: 1 Stunde und 40 Minuten

So wird's gemacht: Die Zwiebeln schälen und grobhacken. Das Fleisch in etwa 2 cm dicke Würfel schneiden. Die Kartoffeln waschen, schälen und in Scheiben schneiden. Die Petersilie waschen, trockentupfen und grobhacken. • Eine hohe feuerfeste Form gut mit Butter ausstreichen. Zuerst die Zwiebeln, dann das Fleisch und zuletzt die Kartoffeln einschichten, jede Schicht etwas salzen und pfeffern. Die Petersilie darüberstreuen und die Fleischbrühe zugießen. Das Gericht bei milder Hitze zugedeckt 1½ Stunden schmoren lassen, dabei nicht umrühren. • Den Backofen auf 220° vorheizen. • Den Quark mit der Milch, dem Kümmel und der Speisestärke verrühren und die Masse auf die Kartoffeln in der Form streichen. Die Dobsche im Ofen 10 Minuten goldbraun überbacken. Zu diesem Gericht können Sie gut einen grünen Salat servieren.

Rheinischer Bauerntopf

Bild Seite 28

Zutaten für 6 Personen:
250 g weiße getrocknete Bohnen · 500 g Rinderbrust · 2 l Wasser · Salz · 2 Lorbeerblätter · 4 Pimentkörner · 4 schwarze Pfefferkörner · 4 große Möhren · 250 g entsteinte Backpflaumen · 4 große Kartoffeln · 1 guter Teel. getrocknetes Bohnenkraut · weißer Pfeffer · Weinessig · 1 Bund Petersilie
Pro Person etwa 2700 Joule/645 Kalorien

- Einweichzeit: 12 Stunden
- Zubereitungszeit: 1 Stunde und 35 Minuten

So wird's gemacht: Die Bohnen über Nacht in ½ l Wasser quellen lassen. • Das Fleisch in dem kalten Wasser mit Salz und den Gewürzen aufsetzen und bei mittlerer Hitze bei halbgeöffnetem Topf kochen lassen. Zwi-

»Möhrentopf mit Lammfleisch« wird raffiniert gewürzt mit Oregano, Basilikum, Salbei und Rosmarin. Rezept Seite 59.

schendurch den Schaum abschöpfen. • Die Bohnen ohne das Einweichwasser zugeben und alles weitere 30 Minuten köcheln lassen. • Die Möhren schaben, waschen und würfeln. Die Backpflaumen mit heißem Wasser abspülen. Die Kartoffeln schälen, waschen und kleinschneiden. • Die vorbereiteten Zutaten mit dem Bohnenkraut in den Eintopf geben und alles 30 Minuten weiterkochen lassen. • Das Fleisch herausnehmen, in Stücke schneiden und auf vorgewärmte Suppenteller verteilen. Den Eintopf mit Pfeffer und Essig würzig abschmecken. • Die Petersilie waschen, trockentupfen, feinhacken und in den Eintopf mischen. Das Gericht über das Fleisch in die Teller füllen.

Eintopf mit Ochsenschwanz

Zutaten für 4 Personen:
1 kg Ochsenschwanz · 50 g Schweineschmalz · 1 getrocknete Chilischote · 1 Lorbeerblatt · $1^1/_2$ l heißes Wasser · 450 g geschälte Tomaten aus der Dose · 250 g Möhren · $^1/_2$ Sellerieknolle · 2 große Kartoffeln · 200 g Rosenkohl · 200 g Schalotten · 2 Stangen Lauch · 1 Stengel Selleriegrün · Salz · schwarzer Pfeffer · $^1/_8$ l Rotwein
Pro Person etwa 2515 Joule/600 Kalorien

● Zubereitungszeit: 1 Stunde und 45 Minuten

So wird's gemacht: Den Ochsenschwanz vom Metzger in 3–4 cm lange Stücke hacken lassen. • Das Schweineschmalz in einem großen Topf erhitzen und den Ochsenschwanz darin ringsum scharf anbraten. Die Chilischote und das Lorbeerblatt zugeben. Mit dem heißen Wasser auffüllen. • Die Tomaten zerkleinern und mit dem Saft zum Ochsenschwanz geben. 1 Stunde bei milder Hitze kochen lassen. • Die Möhren, den Sellerie und die Kartoffeln schälen, waschen und in grobe Stücke schneiden, den Rosenkohl putzen und waschen. Alles in den Topf geben. • Die Schalotten schälen, den Lauch putzen, gründlich waschen und in grobe Stücke schneiden. Nach $1^1/_4$ Stunden Garzeit die Schalotten und den Lauch 15 Minuten mitkochen lassen. • Den Eintopf mit Salz, Pfeffer und dem Rotwein abschmecken.

Rinderherzragout

Mit dem kernigen Herzfleisch habe ich schon manchen angeblichen Gegner aller Innereien eines Besseren belehren können. Reste blieben nie übrig. Und was auch noch angenehm ist: Rinderherz gibt es recht preiswert.

Zutaten für 4 Personen:
1 kg Rinderherz · 100 g fetter Speck · 1 große Zwiebel · 2 Möhren · $^1/_4$ Sellerieknolle · 1 Stange Lauch · 4 Tomaten · 1 gehäufter Eßl. Bratfett · Salz · schwarzer Pfeffer, grob gemahlen · 1 Lorbeerblatt · $^3/_8$ l heiße Fleischbrühe · $^1/_8$ l Rotwein
Pro Person etwa 2800 Joule/670 Kalorien

● Zubereitungszeit: 25 Minuten
● Garzeit: etwa 1 Stunde

So wird's gemacht: Das Herz von Sehnen und Röhren befreien, waschen, trockentupfen und in große Stücke schneiden. Den Speck würfeln. Die Zwiebel schälen und grobhak-

◁ Ein kräftiges Eintopfgericht aus den Pionierzeiten der USA: »Bostoner gebackene Bohnen«. Rezept Seite 19.

ken. Das Gemüse putzen und waschen. Die Möhren in Scheiben, den Sellerie in Würfel und den Lauch in Ringe schneiden. Die Tomaten überbrühen, häuten und vierteln. • Das Fett in einem Bratentopf erhitzen und den Speck darin auslassen. Das Fleisch zugeben und ringsum gut anbraten. Mit Salz und Pfeffer würzen. Die Zwiebel im Topf hellgelb werden lassen, die Möhren, den Sellerie und den Lauch zugeben und unter gelegentlichem Rühren 5 Minuten mitanbraten. Die Tomaten zufügen. Das Lorbeerblatt einlegen, die Fleischbrühe und den Rotwein zugießen. Das Gericht bei milder Hitze etwa 1 Stunde schmoren lassen. Eventuell während der Garzeit etwas Wein oder Wasser zugießen.

Mein Tip Auch in Streifen geschnittene Paprikaschoten passen ausgezeichnet in das Herzragout.

Chinesisches Krautfleisch

Zutaten für 4 Personen:
750 g Schweinefleisch (Nacken) · 2 Stangen Lauch · 500 g Weißkohl · 3 Eßl. Öl · Salz · weißer Pfeffer · 1 gute Prise Curry · $^1/_8$ l heißes Wasser · 1 Eßl. Sojasauce · 2 Eßl. trockener Sherry · 1 Teel. Zucker
Pro Person etwa 3415 Joule/815 Kalorien

- Zubereitungszeit: 25 Minuten
- Garzeit: 35 Minuten

So wird's gemacht: Das Fleisch in grobe Würfel schneiden. Den Lauch und den Weißkohl putzen, waschen und in feine Streifen schneiden. • Das Öl in einer Kasserolle erhitzen und die Fleischwürfel darin ringsum anbräunen. Den Lauch und den Weißkohl zugeben und 3 Minuten unter Rühren mitbraten. Mit Salz, Pfeffer und dem Curry würzen. Das heiße Wasser zugießen und alles zugedeckt etwa 35 Minuten schmoren lassen. • Das Gericht mit der Sojasauce, dem Sherry und dem Zucker abschmecken, eventuell nachsalzen.

Frusca Gora

Das rumänische Gericht ist die Leibspeise meiner Großtante Elena. Sie weiß allerdings nicht mehr, ob es so richtig geschrieben wird. Mir gefällt der Name und ihr »Schöpsernes« (Lammfleisch) schmeckt köstlich.

Zutaten für 4 Personen:
750 g Lammfleisch (Schulter) · 1 große Zwiebel · 1 kleiner Weißkohl · 2 grüne Paprikaschoten · 2 große Fleischtomaten · 3 Eßl. Öl · Salz · $^3/_8$ l heiße Fleischbrühe · 2 getrocknete Peperonischoten
Pro Person etwa 2845 Joule/680 Kalorien

- Zubereitungszeit: 25 Minuten
- Garzeit: 45 Minuten

So wird's gemacht: Das Fleisch in große Würfel schneiden. Die Zwiebel schälen und feinhacken. Den Weißkohl putzen, waschen und wie eine Melone in 6 Spalten teilen, den harten Strunk entfernen. Die Paprikaschoten putzen, entkernen, waschen und in Streifen schneiden. Die Tomaten überbrühen, häuten und achteln. • Das Öl in einer Kasserolle erhitzen und das Fleisch darin ringsum anbräunen. Die Zwiebel zugeben, salzen und alles unter Rühren 3 Minuten durchbraten. • Die Paprikastreifen und die Tomaten zum Fleisch geben. Die Kohlstücke darauflegen. Die Brühe angießen und die Peperonischoten zufügen. Das Gericht bei milder Hitze zugedeckt etwa 45 Minuten schmoren lassen.

Kaninchenpörkölt

Kaninchenfleisch schmeckt laff und langweilig, sagt man. Mit den richtigen würzigen Zutaten kann es zur Delikatesse werden. Probieren Sie das ungarische Rezept getrost aus.

Zutaten für 4 Personen:
1 bratfertiges Kaninchen · 1 Flasche Rotwein (0,7 l) · 2 Lorbeerblätter · 6 Wacholderbeeren · 3 Gewürznelken · 5 schwarze Pfefferkörner · 1/2 Teel. getrockneter Rosmarin · 100 g fetter Speck · 2 Zwiebeln · 1 Knoblauchzehe · 4 große Tomaten · 2 Eßl. edelsüßes Paprikapulver · 1/2 Teel. Rosenpaprikapulver · Salz · 1 Prise Zucker · 1/8 l saure Sahne
Pro Person etwa 3725 Joule/890 Kalorien

● Marinierzeit: 2 Tage
● Zubereitungszeit: 1 Stunde und 10 Minuten

So wird's gemacht: Das Kaninchen in 10 Stücke zerlegen und in eine Schüssel geben. Den Rotwein mit allen Gewürzen mischen und über die Kaninchenteile gießen. Zugedeckt an einem kühlen Platz 2 Tage ruhen lassen. • Den Speck in Würfel schneiden,

die Zwiebeln und die Knoblauchzehe schälen und feinhacken. Die Tomaten überbrühen, häuten und zerkleinern. • Die Fleischstücke aus der Marinade nehmen und abtrocknen. Die Marinade durchseihen. Den Speck in einer Kasserolle glasig braten. Das Fleisch mit den Zwiebeln und dem Knoblauch zugeben und unter öfterem Wenden braun anbraten. Mit einer Tasse Marinade ablöschen. Alles bei milder Hitze 1 Stunde schmoren lassen. • Zwischendurch nach und nach mit der restlichen Marinade auffüllen. Nach 45 Minuten Schmorzeit die Tomaten und das edelsüße Paprikapulver einrühren. • Das fertige Gericht mit dem Rosenpaprikapulver, Salz und dem Zucker abschmecken. Vor dem Servieren die saure Sahne unterrühren.

Hackepeters Gemüsetopf

Bild 3. Umschlagseite

Zutaten für 4 Personen:
100 g durchwachsener Speck · 2 Zwiebeln · 2 Knoblauchzehen · 500 g grüne Bohnen · 2 Eßl. Öl · 400 g Schweinehackfleisch · 2 Zweige Bohnenkraut · 1/2 l heiße Fleischbrühe · 2 rote Paprikaschoten · 250 g Tomaten · 1 Bund Petersilie · 1/2 Teel. edelsüßes Paprikapulver · 1 Prise getrockneter Salbei · Salz
Pro Person etwa 2180 Joule/520 Kalorien

● Zubereitungszeit: 30 Minuten
● Garzeit: 50 Minuten

So wird's gemacht: Den Speck in kleine Würfel schneiden. Die Zwiebeln und die Knoblauchzehen schälen und feinhacken. Die Bohnen putzen, waschen und in mundgerechte Stücke brechen. • Das Öl in einer Kasserolle erhitzen, den Speck, die Zwiebeln und den Knoblauch darin glasig braten. Das Hackfleisch zugeben und unter gelegentlichem Rühren bei milder Hitze anbräunen. Die Bohnen mit dem Bohnenkraut zum Hackfleisch geben. Die heiße Fleischbrühe zugießen und alles 30 Minuten köcheln lassen. • Die Paprikaschoten putzen, entkernen, waschen und in Streifen schneiden, die Tomaten überbrühen, häuten und halbieren. Die Schoten und die Tomaten zum Hackfleisch geben, gut durchrühren und alles weitere 20 Minuten garen. Die Petersilie waschen, trockentupfen und feinhacken. Das Bohnenkraut aus dem Gemüsetopf entfernen. Das Gericht mit den Gewürzen und vorsichtig mit Salz abschmekken und zum Schluß die Petersilie darüberstreuen.

schen, einmal quer durchschneiden und längs vierteln. Den Lauch putzen, waschen und in 3 cm große Stücke schneiden. Die Zwiebeln schälen, in dicke Ringe schneiden; den Knoblauch schälen und feinhacken. • Das Öl in einem Bratentopf erhitzen und die Fleischwürfel darin 2–3 Minuten unter Wenden scharf anbraten. Das Fleisch herausheben und beiseite stellen. • Die Butter im gleichen Topf zerlassen und die Zwiebeln darin anbräunen. Das Mehl anstäuben und die Fleischbrühe nach und nach zugießen, den Bratsatz gut losrühren. Die Möhren, den Lauch, den Knoblauch und das Fleisch zugeben. • Den Backofen auf 160° vorheizen. • Das Bier in den Topf gießen, die Gewürze, den Zucker und den Essig zufügen. Den Topf verschließen und auf die mittlere Schiebeleiste des Ofens stellen. Das Gericht in 1½ Stunden garen lassen. Mit Salz und Pfeffer abschmecken.

Bierkasserolle

Zutaten für 4 Personen:
750 g Rindfleisch (Schulter) · 2 große Möhren · 1 Stange Lauch · 2 große Zwiebeln · 2 Knoblauchzehen · 2 Eßl. Öl · 1 Eßl. Butter · 1 Eßl. Mehl · ¼ l heiße Fleischbrühe · ¼ l dunkles Bier · 1 Teel. getrockneter Thymian · 1 Prise geriebene Muskatnuß · 1 Prise Zucker · 1 Teel. Weinessig · Salz · schwarzer Pfeffer
Pro Person etwa 2095 Joule/500 Kalorien

● Zubereitungszeit: 25 Minuten
● Garzeit: 1 Stunde und 30 Minuten

<u>So wird's gemacht:</u> Das Rindfleisch in große Würfel schneiden. Die Möhren schaben, wa-

Blauer Heinrich

Der blaue Heinrich ist ein sättigender Fleisch-Graupentopf, wie man ihn gerne an Rhein und Ruhr ißt. Die etwas aus der Mode gekommenen Graupen bekommen Sie bestimmt im Reformhaus.

Zutaten für 4 Personen:
750 g Rindfleisch (Brust) · 2 l Wasser · 350 g Graupen · 2 Knoblauchzehen · 1 große Zwiebel · 1 Stange Lauch · 1 Eßl. Margarine · 3 große Kartoffeln · 1 Teel. getrockneter Majoran · Salz · Pfeffer · gekörnte Brühe
Pro Person etwa 3205 Joule/765 Kalorien

● Zubereitungszeit: 2 Stunden und 20 Minuten

So wird's gemacht: Das Rindfleisch in dem Wasser aufsetzen und stark zum Kochen bringen. Zugedeckt dann bei milder Hitze 1 Stunde kochen lassen. • Die Graupen einrühren. Die Knoblauchzehen schälen und zugeben, zugedeckt 1 weitere Stunde köcheln lassen. • Die Zwiebel schälen und würfeln. Den Lauch putzen, waschen und in Ringe schneiden. Die Margarine in einer kleinen Pfanne erhitzen und die Zwiebel und den Lauch darin golden braten. Den Pfanneninhalt zu den Graupen geben. • Die Kartoffeln waschen, schälen, grob würfeln und in den Topf geben, mit dem Majoran würzen und alles 20 Minuten köcheln lassen. • Den Eintopf mit Salz, Pfeffer und gekörnter Brühe abschmecken. • Das Fleisch herausnehmen, in mundgerechte Stücke schneiden, mit etwas Salz bestreuen, kurze Zeit durchziehen lassen und zurück in den Topf geben.

Mein Tip Statt mit Wasser können Sie den Eintopf mit Fleischbrühe aufsetzen. In England kocht man den Graupentopf mit Hammelfleisch, läßt die Kartoffeln weg und gibt dafür Möhren und Sellerieknolle hinein. Dann ist es aber kein blauer Heinrich mehr.

Normannischer Schweinefleischtopf

Die Normandie ist bei Feinschmeckern unter anderem wegen ihrer knackigen Äpfel, des Cidre (trockener Apfelwein) und ihres Calvados (Apfelschnaps) bekannt. Alle drei Köstlichkeiten geben dem Schweinefleischtopf die rechte Würze.

Zutaten für 4 Personen:
250 g mageres Schweinefleisch · 250 g Schweineniere · ¹/₂ l Milch · 3 Zwiebeln · 2 säuerliche Äpfel · ¹/₂ Sellerieknolle · 70 g Schweineschmalz · ¹/₂ Eßl. grüner Pfeffer aus dem Glas · ¹/₁₀ l Fleischbrühe · ¹/₁₀ l Cidre · 3 Eßl. Calvados · 250 g Schweineleber · ¹/₂ Teel. getrockneter Majoran · 1 Eßl. Zukker · Salz · 3 Eßl. saure Sahne
Pro Person etwa 2725 Joule/650 Kalorien

● Zubereitungszeit: 30 Minuten
● Garzeit: 1 Stunde und 15 Minuten

So wird's gemacht: Das Schweinefleisch in mundgerechte Würfel schneiden. Die Nieren in eine Schüssel legen, mit der Milch übergießen und stehen lassen. • Die Zwiebeln schälen und feinhacken. Die Äpfel schälen, entkernen und würfeln. Den Sellerie putzen, waschen und in Würfel schneiden. • Gut die Hälfte des Schmalzes in einem Schmortopf erhitzen und die Zwiebeln darin hellgelb braten, das Schweinefleisch zugeben und unter Wenden mit anbraten. Die grünen Pfefferkörner zerdrücken und mit den Äpfeln und dem Sellerie zufügen. Die Fleischbrühe, den Cidre und den Calvados zugießen. Alles zugedeckt 1 Stunde und 15 Minuten bei milder Hitze schmoren. • 20 Minuten vor Ende der Garzeit die Nieren aus der Milch nehmen, mit Küchenkrepp trockentupfen, längs halbieren, von Fett und Röhren befreien und in dünne Scheiben schneiden. Die Leber in schmale Streifen schneiden. • Das restliche Schmalz in einer Pfanne heiß werden lassen, die Nierenscheiben und die Leberstreifen darin 5 Minuten unter Wenden anbraten, mit dem Majoran würzen und in den Schmortopf geben. Alles etwa 2 Minuten durchziehen lassen. • Den Eintopf mit dem Zucker und Salz abschmekken, die saure Sahne unterziehen.

Zigeunertopf

Zutaten für 4 Personen:
500 g Rindfleisch (Schulter oder Bein) ·
3 Zwiebeln · 3 mittelgroße Zucchini · 2 mittelgroße Auberginen · 3 Eßl. Öl · 1 kleine Dose Tomatenmark · $^1/_4$ l Fleischbrühe ·
1 Lorbeerblatt · 2 Pimentkörner · Salz ·
schwarzer Pfeffer · etwa 3 Eßl. trockener Weißwein
Pro Person etwa 1340 Joule/320 Kalorien

● Zubereitungszeit: 25 Minuten
● Garzeit: 1 Stunde

So wird's gemacht: Das Fleisch in 3 cm große Würfel schneiden. Die Zwiebeln schälen und in Ringe schneiden. Das Gemüse waschen und abtrocknen, die Zucchini in Scheiben schneiden, dabei die Enden entfernen. Die Auberginen grob würfeln, die Stielansätze wegschneiden. • Das Öl in einem Schmortopf erhitzen und die Fleischwürfel darin ringsum braun anbraten. Die Zwiebelringe zugeben und 2 Minuten mitbraten lassen. • Das Tomatenmark einrühren. Das Gemüse zufügen, die Fleischbrühe angießen und das Lorbeerblatt und die Pimentkörner einlegen. • Alles bei milder Hitze zugedeckt in 1 Stunde garkochen. Während der letzten 10 Minuten den Deckel vom Topf nehmen. Mit Salz, Pfeffer und dem Wein würzen. Wenn die Konsistenz zu fest ist, mehr Wein zugeben.

Rotweinlinsen

Zutaten für 6 Personen:
500 g Linsen · $^3/_4$ l trockener Rotwein · 200 g durchwachsener Speck · 1 große Zwiebel ·
1 Knoblauchzehe · 1 Bund Suppengrün ·
$^1/_2$ l heißes Wasser · 1 getrocknete Peperonischote · $^1/_4$ Teel. getrockneter Thymian ·
$^1/_4$ Teel. getrocknetes Basilikum · Salz · 1 Prise Zucker · 750 g beliebige Kochwurst · 2 Eigelb · 2 Eßl. süße Sahne · Weinessig
Pro Person etwa 4290 Joule/1025 Kalorien

● Einweichzeit: 12 Stunden
● Zubereitungszeit: 25 Minuten
● Garzeit: 45–60 Minuten

So wird's gemacht: Die Linsen über Nacht in dem Wein einweichen. • Den Speck würfeln, die Zwiebel und die Knoblauchzehe schälen und feinhacken. Das Suppengrün putzen, waschen und kleinschneiden. • Den Speck in einem großen Topf anbraten, die Zwiebel und die Knoblauchzehe zugeben und im Speckfett glasig werden lassen. Die Linsen mit der Einweichbrühe einrühren, das heiße Wasser zugießen. Das zerkleinerte Suppengrün, die Peperonischote und die getrockneten Kräuter zugeben. Alles bei milder Hitze 45–60 Minuten kochen lassen; die Linsen sollen weich sein, dürfen aber nicht zerkochen.Den Linsentopf mit Salz und dem Zucker abschmekken. • Etwa 10 Minuten vor Ende der Garzeit die gehäutete Wurst in den Topf geben. Das Eigelb mit der Sahne verquirlen, die Wurst herausnehmen und die Linsen mit der Eigelb-Sahne-Mischung verfeinern, eventuell mit etwas Weinessig abschmecken. Die Wurst in dicke Scheiben schneiden und auf den Rotweinlinsen anrichten.

Amerikanischer Muscheltopf

Zutaten für 4 Personen:
2–3 kg Miesmuscheln · $^1/_8$ l Weinessig · $^1/_4$ l
trockener Weißwein · 1 l Wasser · 2 Zwie-
beln · 5 Wacholderbeeren · 5 schwarze Pfef-
ferkörner · 1 Lorbeerblatt · 125 g Schinken-
speck · $^1/_2$ Sellerieknolle · 2 mittelgroße Kar-
toffeln · 1 Stange Lauch · je 1 grüne und
rote Paprikaschote · 3 Tomaten · Salz ·
Cayennepfeffer · $^1/_4$ Teel. getrockneter Thy-
mian · 1 Bund Dill · 100 g saure Sahne
Pro Person etwa 2075 Joule/495 Kalorien

● Zubereitungszeit: 1 Stunde und 10 Minuten

So wird's gemacht: Die Muscheln unter fließendem Wasser kräftig bürsten, die Bärte
sorgfältig entfernen. Offene Muscheln wegwerfen. • Den Essig und den Weißwein mit
dem Wasser mischen. 1 Zwiebel schälen, in
Ringe schneiden und mit den Gewürzen in die
Wassermischung geben. Den Sud aufkochen,
die Muscheln einlegen und zugedeckt 10 Minuten bei milder Hitze kochen lassen. Dabei
den Topf mehrmals kräftig schütteln. Die Muscheln sind gar, wenn sich die Schalen geöff-
net haben. • Das Muschelfleisch aus den Schalen lösen und beiseite stellen. Den Muschelsud durchseihen. • Den Schinkenspeck würfeln. Die zweite Zwiebel schälen und feinhak-
ken. Die Sellerieknolle und die Kartoffeln
schälen, waschen und in Würfel schneiden.
Den Lauch und die Paprikaschoten putzen
und waschen, den Lauch in dünne Ringe, die
Paprikaschoten in Streifen schneiden. Die Tomaten überbrühen, häuten und vierteln. •

Den Schinkenspeck in einem Topf auslassen
und die Zwiebel darin glasig braten. Das übrige zerkleinerte Gemüse zugeben und mit 1 l
Muschelsud auffüllen. Mit Salz, Cayennepfeffer und dem Thymian würzen. Etwa 20 Minuten zugedeckt köcheln lassen. • Das Muschelfleisch zugeben und 3 Minuten mitziehen lassen. Den Dill waschen, trockentupfen und
feinhacken. • Den Topf vom Herd nehmen,
die saure Sahne und den Dill einrühren.

Mein Tip Verwenden Sie nur Muscheln mit festgeschlossenen Schalen,
geöffnete Muscheln sind tot und giftig.
Steht bei einer Muschel nur ein kleiner
Spalt offen, klopfen sie mit dem Stiel
eines Küchenmessers auf die Schale.
Schließt sie sich dabei sofort wieder,
lebt die Muschel noch und ist ge-
nießbar.

Jugoslawische Fischpfanne

Zutaten für 4 Personen:
800 g Fischfilet von verschiedenen Sorten ·
2 Eßl. Zitronensaft · 2 mittelgroße Gemüse-
gurken · 1 grüne Paprikaschote · 4 Toma-
ten · 2 Zwiebeln · 3 Eßl. Öl · $^1/_4$ l heiße
Fleischbrühe · 2 Eßl. Essig · 1 Teel. edelsüßes
Paprikapulver · $^1/_2$ Teel. Zucker · Salz ·
Pfeffer · 1 Bund Petersilie
Pro Person etwa 1275 Joule/305 Kalorien

● Zubereitungszeit: 40 Minuten

So wird's gemacht: Den Fisch in mundgerechte Stücke schneiden und mit dem Zitronensaft beträufeln. • Die Gurken schälen, halbieren, die Kerne herausschaben und die Gurkenhälften würfeln. Die Paprikaschote entkernen, waschen und in Streifen schneiden. Die Tomaten überbrühen, häuten und achteln. Die Zwiebeln schälen und grobhakken. • Das Öl in einer großen tiefen Pfanne erhitzen und die Fischwürfel unter vorsichtigem Wenden leicht anbraten. Das Gemüse zugeben und 5 Minuten bei milder Hitze mitbraten. • Die Fleischbrühe und den Essig zugießen. Das Gericht mit dem Paprikapulver, dem Zucker, Salz und Pfeffer würzen und zugedeckt 15 Minuten köcheln lassen. • Mit der feingehackten Petersilie bestreuen.

Nordafrikanischer Fischtopf

Zutaten für 4 Personen:
2 Zwiebeln · je 1 kleine grüne und rote Paprikaschote · 3 Eßl. Öl · schwarzer Pfeffer ·
1 Eßl. edelsüßes Paprikapulver · 1/4 l heiße Fleischbrühe · 400 g Wirsing · 600 g beliebiges, festes Fischfilet · Saft von 1/2 Zitrone ·
Salz · 2–3 Eßl. Butter
Pro Person etwa 1155 Joule/275 Kalorien

- Zubereitungszeit: 20 Minuten
- Garzeit: 30 Minuten

So wird's gemacht: Die Zwiebeln schälen und feinhacken. Die Paprikaschoten putzen, entkernen, waschen und in Streifen schneiden. • Das Öl in einem großen Topf erhitzen, die Zwiebelwürfel und die Paprikastreifen

darin anbraten, bis die Zwiebeln hellgelb sind. Mit Pfeffer und dem Paprikapulver würzen, die Brühe zugießen. Die Mischung gut umrühren und bei milder Hitze kochen lassen. • Den Wirsing putzen, waschen, in schmale Streifen schneiden und in den Topf geben. Zugedeckt 10 Minuten köcheln lassen. • Das Fischfilet in mundgerechte Stücke schneiden, mit dem Zitronensaft beträufeln und salzen. Die Fischstücke zum Gemüse geben, die Butter in Flöckchen daraufsetzen. Das Gericht in weiteren 10 Minuten bei milder Hitze garen.

Schellfisch mit Gemüsemütze

Zutaten für 4 Personen:
800 g Schellfischfilet · 2 Zitronen · Salz · weißer Pfeffer · abgeriebene Muskatnuß · 200 g Blumenkohl · 200 g Möhren · 200 g Sellerieknolle · 200 g tiefgefrorene Erbsen · 2 Zwiebeln · knapp 1/2 l heiße Fleischbrühe · 4 Eßl. trockener Weißwein · 4 Eßl. Semmelbrösel · 2–3 Eßl. Butter
Für die Form: Butter
Pro Person etwa 1405 Joule/335 Kalorien

- Zubereitungszeit: 35 Minuten
- Garzeit: etwa 20 Minuten

So wird's gemacht: Die Schellfischfilets mit Küchenkrepp trockentupfen, mit dem Saft von 1 Zitrone beträufeln, salzen und pfeffern und mit der abgeriebenen Muskatnuß würzen. • Eine große feuerfeste Form gut mit Butter ausfetten und den Fisch hineinlegen. Die zweite Zitrone schälen, dabei die weiße Haut gründlich entfernen. Die Zitrone in

Besonders gut mit frühlingsfrischen Gemüsen schmeckt »Hühnergeschnetzeltes schottische Art«. Rezept unten. ▷

dünne Scheiben schneiden und über den Fisch verteilen. • Den Blumenkohl putzen, waschen und in Röschen teilen. Die Möhren und den Sellerie putzen, waschen und würfeln. • Reichlich Wasser in einem Topf zum Kochen bringen und das vorbereitete Gemüse und die tiefgefrorenen Erbsen darin 5 Minuten blanchieren. • Den Backofen auf 220° vorheizen. • Alles Gemüse in ein Sieb schütten, abtropfen lassen und dann feinhacken. Die Zwiebeln schälen und ebenfalls feinhacken. • Das Gemüse mit den Zwiebeln vermengen und über den Fisch geben. Die Fleischbrühe und den Wein langsam dazugießen. Die Semmelbrösel über das Gemüse streuen und die Butter in kleinen Flöckchen daraufsetzen. • Das Gericht in etwa 20 Minuten auf der mittleren Schiebeleiste des Ofens garen.

Frühlingsgemüse mit Garnelen

Zutaten für 4 Personen:
3 junge Möhren · 1 kleiner Blumenkohl · 250 g grüne Bohnen · 2 Frühlingszwiebeln · 250 g Kartoffeln · 300 g tiefgefrorene oder 300 g enthülste frische Erbsen · 1¹/₂ l heiße Fleischbrühe · 200 g aufgetaute Garnelen · 1 Prise Zucker · Salz · weißer Pfeffer · 1–2 Teel. Zitronensaft · 2 Eßl. Butter · 3 Eßl. süße Sahne · ¹/₂ Bund Petersilie
Pro Person etwa 1470 Joule/350 Kalorien

● Zubereitungszeit: 30 Minuten
● Garzeit: 35 Minuten

So wird's gemacht: Alles Gemüse putzen und waschen. Die Möhren in Scheiben schneiden, den Blumenkohl in Röschen teilen, die Bohnen in Stücke brechen und die Zwiebeln mit dem Grün kleinschneiden. Die Kartoffeln waschen, schälen und würfeln. • Das vorbereitete Gemüse, die Kartoffeln und die Erbsen mit der Fleischbrühe aufsetzen und zugedeckt bei milder Hitze etwa 20 Minuten kochen lassen. • Die Garnelen zugeben und alles weitere 10 Minuten köcheln lassen. • Den Gemüsetopf mit dem Zucker, Salz, Pfeffer und dem Zitronensaft abschmecken und mit der Butter und der Sahne verfeinern. • Mit der feingehackten Petersilie bestreuen.

Hühnergeschnetzeltes schottische Art

Bild gegenüber

Zutaten für 4 Personen:
1 küchenfertige Poularde von 1500 g · 1 große dicke Stange Lauch · 1 Zwiebel · 2 mittelgroße Kartoffeln · 5 Eßl. Öl · Salz · weißer Pfeffer · 1 Eßl. gekörnte Brühe · ¹/₂ l heiße Milch · 1 Eßl. Butter
Pro Person etwa 2740 Joule/655 Kalorien

● Zubereitungszeit: 45 Minuten

So wird's gemacht: Die Poularde häuten, das Fleisch von den Knochen lösen und in Streifen schneiden. Den Lauch putzen, der Länge nach halbieren, gründlich waschen und in 2 cm lange Stücke schneiden. Die Zwiebel schälen und in Scheiben schneiden. Die Kartoffeln schälen, waschen und kleinwürfeln. • Das Öl in einer großen Kasserolle erhitzen und die Poulardenstreifen darin 3 Minuten

Kichererbsen haben einen leicht herb-bitteren Geschmack und geben dem Eintopf gleichen Namens die besondere Würze. Rezept Seite 38.

unter Rühren anbraten. Mit Salz und Pfeffer würzen. • Alle vorbereiteten Zutaten in die Kasserolle geben. Die gekörnte Brühe in der heißen Milch auflösen und zu dem Eintopf gießen. Alles im offenen Topf bei schwacher Hitze etwa 20 Minuten köcheln lassen. Die Hälfte der Flüssigkeit soll dabei verdampfen. • Das Gericht mit der Butter verfeinern und mit Salz und Pfeffer nachwürzen.

Hühnertopf

Zutaten für 4 Personen:
1 küchenfertige Poularde von 1 kg · Salz ·
1 Stange Lauch · 1/2 kleine Sellerieknolle ·
3 Möhren · 1/2 kleiner Weißkohl · 1 Hühner-
brühwürfel · 1 Teel. getrockneter Rosmarin ·
100 g schmale Bandnudeln (Fetuccine) · wei-
ßer Pfeffer
Pro Person etwa 1905 Joule/455 Kalorien

● Zubereitungszeit: 1 Stunde und 35 Minuten

So wird's gemacht: Die Poularde in viel Salzwasser 1 Stunde kochen lassen. • Das Gemüse putzen und waschen. Den Lauch in Stücke schneiden, den Sellerie würfeln, die Möhren in Scheiben und den Weißkohl in breite Streifen schneiden. • Die Poularde aus dem Topf nehmen, abtropfen lassen. Das Gemüse mit dem Brühwürfel und dem Rosmarin in die Brühe geben und in etwa 30 Minuten garen. • Die Poularde häuten, das Fleisch ablösen, und in Stücke schneiden. • 5–10 Minuten vor Ende der Garzeit des Gemüses die Nudeln (sie sollten »bißfest« bleiben) zugeben. Die Fleischstücke im Eintopf erhitzen, mit Salz und Pfeffer abschmecken.

Pilztopf Altweibersommer

Zutaten für 4 Personen:
500 g gemischte Pilze · 1 große Zwiebel ·
1/2 kleine Salatgurke · 4 große Tomaten ·
4 Eßl. Butter · 500 g Rinderhackfleisch ·
Salz · weißer Pfeffer · 1 gute Prise getrockne-
ter Majoran · 1/8 l heiße Fleischbrühe · 1/10 l
trockener Weißwein · 1 Bund Petersilie ·
3 Eßl. saure Sahne
Pro Person etwa 1615 Joule/385 Kalorien

● Zubereitungszeit: 50 Minuten

So wird's gemacht: Die Pilze putzen, wenn nötig waschen, auf Küchenkrepp trocknen und in nicht zu dünne Scheiben schneiden. Die Zwiebel schälen und feinhacken. Die Gurke schälen, längs halbieren, die Kerne mit einem spitzen Löffel herausschaben und die Gurkenhälften in Stifte schneiden. Die Tomaten überbrühen, häuten und zerkleinern. • Die Butter in einer Kasserolle erhitzen und die Zwiebel darin glasig braten. Die Pilze zugeben und 2 Minuten mitschmoren lassen. Die Tomaten einrühren. Das Hackfleisch auflockern und mit den Gurkenstiften in die Kasserolle geben. Mit wenig Salz und Pfeffer und dem Majoran würzen. Alles gut umrühren. Die Fleischbrühe und den Weißwein nach und nach zugießen. Den Pilztopf unter öfterem Umrühren 12–15 Minuten köcheln lassen. • Die Petersilie waschen, trockentupfen und feinhacken. • Wenn die Pilze weich sind, die saure Sahne unterziehen. Mit der gehackten Petersilie bestreut servieren.

Birnen, Bohnen und Speck

Zutaten für 4 Personen:
³/₄ l Wasser · 500 g durchwachsener Speck ·
1 kg grüne Bohnen · 2 Stengel Bohnenkraut ·
500 g kleine Kochbirnen · Salz · weißer
Pfeffer
Pro Person etwa 4035 Joule/965 Kalorien

● Zubereitungszeit: 1 Stunde

<u>So wird's gemacht:</u> Das Wasser zum Kochen
bringen. Den Speck einlegen und 15 Minuten
kochen lassen. • Die Bohnen putzen, waschen, in Stücke brechen und mit dem Bohnenkraut zum Speck geben. Alles weitere
15 Minuten köcheln lassen. • Die Birnen waschen, den Blütenansatz herausschneiden und
die Birnen ungeschält mit den Stielen auf die
Bohnen legen. • Nach weiteren 20 Minuten
Kochzeit den Speck herausnehmen und in
Scheiben schneiden. • Die Birnen an den
Rand einer vorgewärmten Platte legen. Die
Bohnen salzen und pfeffern, das Bohnenkraut
entfernen. Die Bohnen zu den Birnen geben
und die Speckscheiben darauf legen.

Schnibbelbohnen

Früher salzte die tüchtige Hausfrau die
Schnibbelbohnen in Fäßchen oder Steintöpfe
für den Winter wie Sauerkraut ein. Der leicht
säuerliche Geschmack gab dem Gericht die
pikante Note. Heute hilft den Bohnen ein
guter Schuß Obstessig nach. Zum Schnibbeln
gibt es im Fachhandel Spezialaufsätze für Kü-

chenmaschinen. Sie können die Bohnen aber
auch gut mit einem scharfen Messer schräg in
schmale Streifen schneiden. 500 g haben Sie
schnell geschafft.

Zutaten für 4 Personen:
500 g durchwachsener Speck · 1 l heißes Was-
ser · gut ¹/₂ l kaltes Wasser · 3 Eßl. Obstes-
sig · je 3 Wacholderbeeren und Pimentkör-
ner · 1 Lorbeerblatt · 750 g mehlige Kartof-
feln · 500 g grüne Bohnen · 5 Stengel Boh-
nenkraut · Salz · weißer Pfeffer
Pro Person etwa 4290 Joule/1025 Kalorien

● Zubereitungszeit: 1 Stunde

<u>So wird's gemacht:</u> Den Speck in kochendes
Wasser legen, nach 2 Minuten herausnehmen
und kalt abschrecken. • Den Speck in kaltem
Wasser aufsetzen, den Obstessig, die Wacholderbeeren, die Pimentkörner und das Lorbeerblatt zugeben. Alles bei starker Hitze
schnell zum Kochen bringen, dann bei schwacher Hitze 20 Minuten sieden lassen. • Die
Kartoffeln waschen, schälen und in sehr große
Stücke schneiden. Die Bohnen putzen,
waschen und schnibbeln. Die Gewürze mit
dem Schaumlöffel aus der Speckbrühe heben,
die Kartoffeln hineingeben und 15 Minuten
bei mittlerer Hitze kochen lassen. • Das Bohnenkraut waschen, trockentupfen und feinhacken. • Die Bohnen und die Hälfte des
Bohnenkrauts zufügen und alles noch 10–15
Minuten köcheln lassen. • Den Speck herausnehmen und in Scheiben schneiden, die Kartoffeln etwas zerdrücken. Den Eintopf mit
Salz und Pfeffer abschmecken und in eine
vorgewärmte Terrine füllen. Das restliche
Bohnenkraut darüberstreuen und mit den
Speckscheiben garnieren.

Bäuerlicher Möhrentopf

Zutaten für 4 Personen:
300 g durchwachsener Speck · 750 g Möhren · 3 große Kartoffeln · 1 Prise getrockneter Thymian · $^1/_2$ Teel. Zucker · Salz · weißer Pfeffer · 1 Bund Petersilie · 1 große Zwiebel · 2 Eßl. Butter
Pro Person etwa 2930 Joule/700 Kalorien

● Zubereitungszeit: 20 Minuten
● Garzeit: 1 Stunde

So wird's gemacht: Den Speck in einem Topf mit Wasser bedeckt aufsetzen und 30 Minuten bei mittlerer Hitze kochen lassen. • Die Möhren schaben, waschen und in Scheiben schneiden. Die Kartoffeln waschen, schälen und würfeln. Beides mit dem Thymian zu dem Speck geben und alles weitere 30 Minuten köcheln lassen. • Den Speck herausnehmen und in Würfel schneiden. Die Möhren und die Kartoffeln grob zerstampfen und mit dem Zucker, Salz und Pfeffer abschmecken. • Die Petersilie waschen, trockentupfen und feinhacken. Die Zwiebel schälen und in Ringe schneiden. • Die Butter in einem Pfännchen erhitzen und die Zwiebelringe darin goldbraun braten. Dann mit den Speckwürfeln in das Möhrengericht mischen, die Petersilie darüberstreuen.

Mein Tip Statt des Specks können Sie gut auch 500 g Kalbfleisch für den Möhrentopf kochen.

Möhrentopf mit Lammfleisch

Bild Seite 45.

Zutaten für 4 Personen:
750 g Lammfleisch aus dem Nacken ohne Knochen · 500 g Möhren · 2 Eßl. Öl · $^1/_2$–$^3/_4$ l heiße Fleischbrühe · $^1/_2$ Teel. getrockneter Oregano · $^1/_2$ Teel. getrocknetes Basilikum · je 1 Messerspitze getrockneter Salbei und Rosmarin · 1 Knoblauchzehe · 150 g bereits gekochter Reis · Salz
Pro Person etwa 2805 Joule/670 Kalorien

● Zubereitungszeit: 1 Stunde

So wird's gemacht: Das Fleisch in nicht zu kleine Würfel schneiden. Die Möhren schaben, waschen und kleinschneiden. • Das Öl in einem Schmortopf erhitzen und die Fleischwürfel darin rundherum braun anbraten. Die Möhren einrühren und die heiße Fleischbrühe zugießen. Die getrockneten Kräuter zugeben und die Knoblauchzehe durch die Presse in den Eintopf drücken. Alles einmal gut umrühren und zugedeckt bei schwacher Hitze 45 Minuten köcheln lassen. • 5 Minuten vor Ende der Garzeit den Reis unterrühren. • Den Eintopf mit Salz abschmecken und sehr heiß servieren.

Wurschteltopf

Dieser Eintopf mit frischem Sommergemüse steht bei uns häufig auf dem Tisch, er schmeckt allen und ich muß wirklich nicht lange in der Küche »wurschteln«. Das ist aber nur meine Auslegung des Namens. Die Familie nennt ihn so, weil die Wursteinlage immer eine andere ist. Zur Auswahl stehen: Fleischwurst, Schinkenwurst, Mortadella, Salami, Kabanossi, Frankfurter, Pfälzer, Regensburger und so fort. Bereiten Sie den Wurscheltopf mit Ihrer Lieblingswurst zu.

Zutaten für 4 Personen:
2 Kohlrabi · 300 g Möhren · 250 g Frühlingszwiebeln · 500 g Kartoffeln · 3 Eßl. Butter ·
¹/₄ l heiße Fleischbrühe · weißer Pfeffer ·
400 g Fleischwurst · 1 Bund Schnittlauch ·
Salz · ¹/₄ l saure Sahne · 1 Eßl. Tomatenmark
Pro Person etwa 2830 Joule/675 Kalorien

● Zubereitungszeit: 45 Minuten

So wird's gemacht: Die Kohlrabi schälen und würfeln. Die Möhren schaben, waschen und in Scheiben schneiden. Die Frühlingszwiebeln putzen und mit dem frischen Grün in Ringe schneiden. Die Kartoffeln schälen und in Stücke schneiden. • Die Butter in einem flachen weiten Topf erhitzen, die Zwiebeln, die Kartoffeln, die Kohlrabi und die Möhren hineingeben und unter Rühren bei mittlerer Hitze 5 Minuten anbraten. Die heiße Fleischbrühe zugießen und mit etwas Pfeffer würzen. Alles im geschlossenen Topf etwa 20 Minuten bei milder Hitze kochen lassen. Die Fleischwurst häuten und in Streifen schneiden. Den Schnittlauch waschen, trockentupfen und kleinschneiden. • Die Fleischwurst zu dem Gemüse geben, weitere 5 Minuten mitköcheln lassen. • Das Gericht mit Salz und Pfeffer abschmecken. Die saure Sahne mit dem Tomatenmark verrühren und auf den Wurscheltopf verteilen, den Schnittlauch darüberstreuen. Sofort im Topf servieren.

Stampfkartoffeln mit Endiviensalat

Stampfkartoffeln sind kein Püree. Man muß die kleinen Kartoffelstückchen noch erkennen und beißen können. Mit dem würzig angemachten Endiviensalat gemischt heißt das Gericht im Ruhrgebiet und in Westfalen »Spieß«, im Rheinland »Ärpel mit Schlat«. Es schmeckt warm und kalt gleichermaßen gut.

Zutaten für 4 Personen:
Für die Stampfkartoffeln: 1 kg mehlige Kartoffeln · Salz · 1 Tasse Milch · 2–3 Eßl. Butter
Für den Salat: 1 großer Kopf Endiviensalat ·
2 Zwiebeln · 4 Eßl. Essig · Salz · Pfeffer ·
3 Eßl. Öl
Pro Person etwa 1630 Joule/390 Kalorien

● Zubereitungszeit: 45 Minuten

So wird's gemacht: Die Kartoffeln waschen, schälen und in grobe Stücke schneiden. Gut mit gesalzenem Wasser bedeckt zum Kochen bringen und in etwa 20 Minuten garen. • Inzwischen den Endiviensalat putzen, waschen und in feine Streifen schneiden. Die Salatstreifen nochmals waschen und abtropfen lassen. • Die Zwiebeln schälen und feinhacken. Den Essig mit reichlich Salz und Pfeffer verrühren, bis das Salz ganz aufgelöst ist. Das Öl und die Zwiebeln einrühren. Die Salatstreifen mit der Marinade vermengen. • Die Milch erhitzen. Die Kartoffeln abgießen, mit der Butter und der Milch in einer großen Schüssel grob stampfen. Den angemachten Salat dazugeben und alles locker vermischen.

Westfälischer Schlodderkappes

»Kappes« heißt in Westfalen der Weißkohl, das ist klar, bei Schlodder muß ich leider passen. Schlottern werden Sie nach dem Genuß des deftigen Eintopfs sicher nicht.

Zutaten für 6 Personen:
750 g mehlige Kartoffeln · 1500 g Weißkohl ·
2 Eßl. Kümmel · ³/₄ l Wasser · 1 Lorbeer-
blatt · 100 g durchwachsener Speck · 2 Zwie-
beln · Salz · weißer Pfeffer · 750 g Blut-
wurst · 1 Eßl. Butter
Pro Person etwa 3520 Joule/840 Kalorien

● Zubereitungszeit: 1 Stunde und 20 Minuten

<u>So wird's gemacht:</u> Die Kartoffeln waschen, schälen und grob würfeln. Den Weißkohl halbieren, die äußeren Blätter und den Strunk entfernen. Den Kohl in schmale Streifen schneiden. • Die Kartoffeln und den Kohl abwechselnd mit dem Kümmel in einen Topf schichten. Etwa ³/₄ l Wasser zugießen, das Lorbeerblatt obenauf legen. Alles bei starker Hitze schnell zum Kochen bringen und bei schwacher Hitze 45 Minuten weiter kochen lassen. • Den Speck in schmale Streifen schneiden. Die Zwiebeln schälen und fein würfeln. Den Speck in einer Pfanne auslassen und die Zwiebeln im Speckfett glasig werden lassen. Diese Mischung in den Kohltopf geben und alles locker vermengen. Das Gericht mit Salz und Pfeffer abschmecken. • Die Blutwurst in nicht zu dünne Scheiben schneiden. Die Butter in der Pfanne erhitzen und die Wurstscheiben von beiden Seiten knusprig

braten. • Den Kohleintopf in eine vorgewärmte Terrine füllen, die Blutwurstscheiben darauf legen und das Bratfett darübergießen.

> **Mein Tip** Wenn Sie Blutwurst nicht sonderlich mögen, legen Sie Rheinische Bratwurst oder Bayerische Schweinswürstchen in die Pfanne.

Himmel und Erde

Der Himmel, die Äpfel nämlich und die Erde, die Kartoffeln, kann man zusammen in möglichst wenig Wasser garen und dann grob zerstampfen. Mir schmeckt allerdings folgende Version besser, deshalb hantiere ich bei diesem Eintopf mit zwei Töpfen.

Zutaten für 4 Personen:
750 g mehlige Kartoffeln · Salz · 750 g säuer-
liche Äpfel · 3 Eßl. Zucker · 1 Prise Zimt ·
2 Eßl. Butter · 500 g Blutwurst · 1 große
Zwiebel · 1 Eßl. Schweineschmalz
Pro Person etwa 3990 Joule/955 Kalorien

● Zubereitungszeit: 1 Stunde

<u>So wird's gemacht:</u> Die Kartoffeln waschen, schälen, vierteln und in Salzwasser garen. • Die Äpfel schälen, achteln, die Kerngehäuse entfernen und die Apfelspalten in wenig Wasser mit dem Zucker und dem Zimt weich kochen. • Die Kartoffeln abgießen, gut zerstampfen und mit der Butter vermengen. Das Apfelkompott mit dem Kartoffelbrei gut verrühren und warm stellen. • Die Blutwurst in

dicke Scheiben schneiden. Die Zwiebel schälen und in Ringe schneiden. • Das Schmalz in einer Pfanne erhitzen und die Wurstscheiben von beiden Seiten knusprig braten. Die Wurstscheiben an den Rand schieben und die Zwiebelringe in der Pfanne goldbraun braten. Die Wurst und die Zwiebelringe mit dem Fett über den Apfel-Kartoffel-Brei geben.

Mein Tip Wenn Ihnen die Himmel- und Erde-Mischung zu fest sein sollte, rühren Sie etwas heiße Milch hinein.

Thüringer Satt

Wenn Sie ein Freund süßsaurer Gerichte sind, probieren Sie einmal das Rezept aus Urgroßmutters Kochbuch aus.

Zutaten für 4 Personen:
250 g durchwachsener Speck · $^1/_2$ l Wasser · 750 g Kartoffeln · 750 g Äpfel · 500 g Birnen · 1 Teel. Zimt · etwa 3 Eßl. Zucker · $^1/_2$ Teel. Kümmel · 1 Zwiebel · 4 Gewürznelken · Salz
Pro Person etwa 3350 Joule/800 Kalorien

● Zubereitungszeit: 30 Minuten
● Kochzeit: 1 Stunde und 20 Minuten

So wird's gemacht: Den Speck in einem großen Topf mit dem Wasser übergießen und 20 Minuten kochen lassen. • Die Kartoffeln waschen, schälen und in nicht zu dünne Scheiben schneiden. Die Äpfel schälen, vierteln, vom Kerngehäuse befreien und in Scheiben

schneiden. Die Birnen waschen, ungeschält vierteln, das Kerngehäuse herausschneiden. Kartoffeln, Äpfel und Birnen in den Specktopf schichten. • Den Zimt mit dem Zucker mischen und darüberstreuen. Den Kümmel zugeben. Die Zwiebel schälen, mit den Nelken spicken und obenauf legen. • Den Eintopf bei milder Hitze 1 Stunde kochen lassen. • Die Zwiebel entfernen, den Speck herausnehmen und in Scheiben schneiden. Das Gericht mit Zucker und Salz abschmecken und mit den Speckscheiben garniert anrichten.

Eintopf mit dicken Bohnen

Zutaten für 4 Personen:
2 kg dicke Bohnen · $^1/_8$–$^1/_4$ l Wasser · Salz · 2 Zweige Bohnenkraut · 250 g durchwachsener Speck · 1 große Zwiebel · 4 Fleischtomaten · $^1/_2$ Bund Petersilie · 2 Stengel Basilikum · $^1/_8$ l Sahne · weißer Pfeffer
Pro Person etwa 2888 Joule/690 Kalorien

● Zubereitungszeit: 50 Minuten

So wird's gemacht: Die Bohnen aus den Schoten lösen. Die Bohnenkerne in dem Wasser mit Salz und dem Bohnenkraut 30 Minuten bei milder Hitze zugedeckt kochen lassen. • Den Speck in nicht zu kleine Würfel schneiden, die Zwiebel schälen und feinhacken. Die Tomaten überbrühen, häuten und achteln. Die Petersilie und das Basilikum waschen, trockentupfen und grobhacken. • Die Tomaten 10 Minuten vor Ende der Garzeit zu den Bohnen geben. Das Bohnenkraut aus dem Topf nehmen. • Den Speck in einer Pfanne glasig braten, die Zwiebel zugeben und in dem Speckfett unter Rühren goldgelb werden lassen. Die Speck-Zwiebel-Mischung und die gehackten Kräuter zu den Bohnen geben. Die Sahne einrühren und das Gericht mit Pfeffer und Salz abschmecken.

Labskaus

Labskaus ist ein altes Seemannsgericht und besteht aus gekochten Kartoffeln, Pökelfleisch oder Corned beef, Heringen und roten Beten. In den meisten Kombüsen dreht der Smutje alle Zutaten durch den Fleischwolf. Mir schmeckt das Gericht besser, wenn ich noch etwas zum Beißen habe.

Zutaten für 4 Personen:
750 g Kartoffeln · 1 große Zwiebel · 1 Eßl.
Butter oder Margarine · 500 g Corned beef ·
4 Matjesfilets · 200 g rote Bete aus dem Glas ·
1 Gewürzgurke · eventuell heiße Fleischbrü-
he · Salz · 1 Eßl. Butter · 4 Eier
Pro Person etwa 2720 Joule/650 Kalorien

● Zubereitungszeit: 45 Minuten

So wird's gemacht: Die Kartoffeln waschen, schälen und in grobe Würfel schneiden. Mit Wasser bedeckt in etwa 20 Minuten garen. • In der Zwischenzeit die Zwiebel schälen und feinhacken. Das Fett in einem Pfännchen erhitzen und die Zwiebel darin hellgelb braten. • Das Corned beef, die Matjesfilets, die roten Bete und die Gurke in kleine Würfel schneiden. • Die gegarten Kartoffeln mit dem Kartoffelstampfer zerdrücken, mit der Zwiebel und den anderen zerkleinerten Zutaten vermengen. Sollte die Masse zu fest sein, et-

was heiße Fleischbrühe einrühren. Eventuell mit Salz abschmecken. Die Butter in einer Pfanne zerlassen und 4 Spiegeleier braten. Den Labskaus auf vorgewärmte Portionsteller geben und die Spiegeleier daraufgleiten lassen. Ganz perfekt wird das Gericht, wenn Sie Salzgurken dazu servieren.

Mein Tip Wenn Sie Labskaus mit Pökelfleisch zubereiten wollen, bestellen Sie ein paar Tage vorher gepökelte Rinderbrust bei Ihrem Metzger. Kochen Sie das Fleisch mit 1 Zwiebel und 1 Lorbeerblatt in etwa 1 Stunde und 15 Minuten weich und schneiden es dann in kleine Würfel. Es wird dann statt des Corned beefs untergerührt.

Dreierlei Kohl

Zutaten für 8 Personen:
500 g durchwachsener Speck · 1$^{1}/_{2}$ l Wasser ·
je 500 g Weißkohl, Wirsing und Rosenkohl ·
4 polnische Würste · Salz · weißer Pfeffer ·
geriebene Muskatnuß · etwa 1 Eßl. gekörnte
Brühe
Pro Person etwa 3045 Joule/725 Kalorien

● Zubereitungszeit: 1 Stunde und 20 Minuten

So wird's gemacht: Den Speck in dem Wasser aufsetzen und bei mittlerer Hitze kochen lassen. • Den Weißkohl und den Wirsing putzen, längs in dicke Spalten teilen, waschen und den harten Strunk herausschneiden. Nach

20 Minuten Kochzeit zu dem Speck geben. • Den Rosenkohl putzen, waschen und mit den Würsten nach weiterer 20–25 Minuten in den Topf geben. Mit Salz, Pfeffer, geriebener Muskatnuß und der gekörnten Brühe würzen. Alles in 15–20 Minuten garen. Eventuell etwas heißes Wasser zugießen. • Den Speck und die Würste herausnehmen, in Scheiben schneiden und wieder in den Kohltopf legen.

> **Mein Tip** Kohlduft in der Wohnung schätzt niemand. Um dies zu vermeiden, legen Sie ein Tuch zwischen Topf und Deckel, das Sie vorher in dünnes Essigwasser getaucht haben.

Kohlrübentopf

Die dicken gelbfleischigen Kohlrüben, die in Ostpreußen den lustigen Namen Wruken haben, sind hier als Steckrüben immer noch als Kriegs- und Nachkriegsgemüse verpönt. Unglaublich, wie lange sich Aversionen halten. Ich hoffe mit diesem Rezept Vorurteile abzubauen.

Zutaten für 4 Personen:
1 l Fleischbrühe · 750 g Schweinebauch ·
1 Lorbeerblatt · 3 Pimentkörner · 3 Pfeffer-
körner · 1 kg Kohlrüben · 3 Möhren · 500 g
Kartoffeln · 2 Zwiebeln · 1 Teel. getrockneter
Majoran · Salz · Zucker · schwarzer Pfeffer
Pro Person etwa 4565 Joule/1090 Kalorien

● Zubereitungszeit: 2 Stunden

So wird's gemacht: Die Fleischbrühe zum Kochen bringen und den Schweinebauch einlegen. Die Gewürze in ein Mullsäckchen binden und mit in die Brühe legen. 30 Minuten kochen lassen. • Die Kohlrüben und die Möhren schälen und in Würfel schneiden. Die Kartoffeln waschen, schälen und würfeln, die

Kohlrüben — Wruken — werden geschält wie Äpfel und die oberen und unteren Enden abgeschnitten.

Zwiebeln schälen und grobhacken. • Das Gewürzsäckchen entfernen. Das Gemüse, die Kartoffeln und die Zwiebeln zum Schweinebauch geben. Mit dem Majoran würzen. Alles bei milder Hitze zugedeckt etwa 1 Stunde kochen lassen. • Das Fleisch herausnehmen und in Scheiben schneiden. Den Eintopf mit Salz, Zucker und Pfeffer abschmecken. Mit den Schweinebauchscheiben garniert servieren.

> **Mein Tip** Anstatt des Schweinebauches können die Kohlrüben auch mit Rind- oder Gänsefleisch gekocht werden.

Grünkohl mit Brägenwurst

Grünkohl schmeckt am besten nach dem ersten Frost. Durch den Frost werden die Blätter mürbe und der Kohl ist dann leichter verdaulich. Die geräucherte und gebrühte Brägenwurst aus Schweinefleisch und Hirn ist eine niedersächsische Spezialität. Pinkel, eine fette Grützwurst, ißt man in Bremen zum Grünkohl. In anderen Landen schmeckt auch jede andere geräucherte grobe Kochwurst zum Grünkohl. Welche Sie auch nehmen, einen eisgekühlten »Klaren« werden Sie nach dem Essen brauchen.

Zutaten für 4 Personen:
1 kg Grünkohl · Salz · 1 große Zwiebel ·
50 g Schweine- oder Gänseschmalz · $^1/_4$ l heiße
Fleischbrühe · weißer Pfeffer · 1 Teel. Zuk-
ker · 200 g gepökeltes Schweinefleisch ·
8 kleine Kartoffeln · 4 Brägenwürste oder ge-
räucherte grobe Kochwürste
Pro Person etwa 3810 Joule/910 Kalorien

● Zubereitungszeit: 30 Minuten
● Garzeit: etwa 1 Stunde

So wird's gemacht: Den Grünkohl vom Strunk befreien und gründlich waschen. Reichlich Salzwasser in einem großen Topf zum Kochen bringen, den Kohl einlegen und 10 Minuten kochen lassen. • Den Kohl abtropfen lassen und grobhacken. Die Zwiebeln schälen und feinhacken. • Das Schmalz in einem Topf erhitzen und die Zwiebel darin glasig braten. Den Kohl zugeben und bei milder Hitze 10 Minuten schmoren. Die heiße Fleischbrühe zugießen, mit Pfeffer und dem Zucker würzen. Das Fleisch im Stück auf den Kohl legen. Alles bei milder Hitze 1 Stunde kochen lassen. Die Kartoffeln schälen, waschen und 25 Minuten vor Ende der Garzeit einlegen. 10 Minuten vor Ende der Garzeit die Würste dazugeben und auf dem Grünkohl erhitzen. • Den Kohl in eine vorgewärmte Schüssel füllen und das Fleisch und die Würste darauf anrichten.

Mein Tip Die perfekte Ergänzung, die aber etwas mehr Mühe macht, sind Bratkartoffeln oder kleine, in Butter und Semmelbrösel geröstete Salzkartoffeln, die dann statt der mitgegarten Kartoffeln serviert werden.

Die fleischlosen . . .

Gemüseterrine mit Sahne

Zutaten für 4 Personen:
1 große Zwiebel · 2 Knoblauchzehen · 1 grüne Paprikaschote · 2 Möhren · ¹/₄ kleine Sellerieknolle · 2 Stangen Lauch · 500 g Zucchini · 2 Fleischtomaten · 3 Eßl. Olivenöl · ¹/₂ l heiße Fleischbrühe · ¹/₂ Teel. getrockneter Oregano · 1 Bund Petersilie · 2 Blätter Selleriegrün · 5 Blätter Basilikum · Salz · weißer Pfeffer · ¹/₈ l trockener Weißwein · 4 Eßl. Sahne
Pro Person etwa 840 Joule/200 Kalorien

● Zubereitungszeit: 1 Stunde

So wird's gemacht: Die Zwiebel schälen, halbieren und in dünne Scheiben schneiden. Die Knoblauchzehen schälen und feinhacken. Die Paprikaschote putzen, entkernen, waschen und in kleine Stücke schneiden. Die Möhren schaben, waschen und in dünne Scheiben schneiden. Den Sellerie schälen, waschen und würfeln. Den Lauch putzen, waschen und in Ringe schneiden. Die Zucchini waschen, ungeschält in Scheiben schneiden, die Enden entfernen. Die Tomaten überbrühen, häuten und vierteln. • Das Öl in einem großen Topf erhitzen, die Zwiebel und den Knoblauch darin glasig braten. Das Gemüse bis auf die Tomaten zugeben und unter Rühren 5 Minuten mitbraten lassen. • Die Fleischbrühe angießen, die Tomaten und den Oregano zugeben. Alles bei halbgeöffnetem Deckel 20 Minuten köcheln lassen. Die frischen Kräuter waschen, trockentupfen, feinhacken und in die Gemüsemischung rühren. 5 Minuten durchziehen lassen. • Das Gericht mit Salz und Pfeffer abschmecken und mit dem Wein und der Sahne verfeinern.

> **Mein Tip** Die Gemüseterrine kann gut in größeren Mengen für Parties vorgekocht werden. Dann aber den Wein und die Sahne erst beim Aufwärmen einrühren.

Piperade

Die französisch-spanische Gemüsepfanne mit Eiern ist ein ideales Sommeressen. Sie ist schnell zuzubereiten und, was vielen nicht unlieb sein wird, die Joule/Kalorien schlagen kaum zu Buche.

Zutaten für 4 Personen:
3 Zwiebeln · 2 Knoblauchzehen · je 1 grüne und rote Paprikaschote · 500 g Tomaten · 2 Eßl. Olivenöl · 1 Eßl. Butter · 1 Teel. getrocknetes Basilikum oder 1 Eßl. frisches gehacktes Basilikum · Salz · 4 Eier · weißer Pfeffer
Pro Person etwa 965 Joule/230 Kalorien

● Zubereitungszeit: 35 Minuten

So wird's gemacht: Die Zwiebeln schälen und in dünne Ringe schneiden. Die Knoblauchzehen schälen und sehr fein hacken. Die Paprikaschoten putzen, entkernen, waschen und in dünne Streifen schneiden. Die Tomaten überbrühen, häuten und in Scheiben schneiden. • Das Öl und die Butter in einer großen Pfanne erhitzen. Die Zwiebelringe und die Paprikastreifen darin leicht anbräunen. Die Tomaten und den Knoblauch zugeben, mit dem Basilikum und Salz würzen. Die Pfanne zudecken und das Gemüse in 10 Minuten garen. • Die Eier mit etwas Salz und Pfeffer schaumig schlagen. Die Eimasse über das Gemüse gießen und bei schwacher Hitze zugedeckt in 5 Minuten stocken lassen. Warm oder kalt servieren.

Farmertopf

Zutaten für 4 Personen:
500 g Kohlrüben oder Kohlrabi · 3 große Möhren · 500 g Weißkohl · 1 Stange Lauch · ^{1}/$_4$ kleine Sellerieknolle · 1 Zwiebel · 50 g Butter · 1 Teel. Zucker · Salz · 1 gute Prise getrockneter Majoran · 1 l heiße Fleischbrühe · weißer Pfeffer · 2 Eigelb · ^{1}/$_8$ l Sahne
Pro Person etwa 1445 Joule/345 Kalorien

● Zubereitungszeit: 1 Stunde

So wird's gemacht: Alles Gemüse putzen und waschen. Die Kohlrüben oder die Kohlrabi und die Möhren in bleistiftdicke, etwa 4 cm lange Stifte schneiden. Den Weißkohl und die Lauchstange in Streifen schneiden. Den Sellerie kleinwürfeln. Die Zwiebel schälen und grobhacken. • Die Butter in einem großen Topf zerlassen und die Zwiebel darin glasig braten. Das Gemüse mit dem Zucker, Salz und dem Majoran zugeben und 5 Minuten unter Rühren anschmoren. Die Hälfte der Brühe zugießen, pfeffern und alles zugedeckt bei milder Hitze 20 Minuten kochen lassen. • Die restliche Brühe zugießen und das Gericht weitere 5–10 Minuten garen. • Das Eigelb und die Sahne in einer vorgewärmten Suppenschüssel verquirlen. Die Gemüsemischung nach und nach einrühren, eventuell nachwürzen.

Albanische Gurke

Das kräftig gewürzte Gurkengericht wird kalt serviert. Mit Weißbrot oder hellem Landbrot und Butter ist es eine leichte, bekömmliche Sommermahlzeit.

Zutaten für 4 Personen:
1 Zwiebel · 2 Möhren · 2 Stengel Petersilie · 2 Eßl. Öl · ^{1}/$_2$ l trockener Weißwein · 1 Teel. getrockneter Thymian · je 1 Teel. schwarze Pfefferkörner und Korianderkörner · Saft von ^{1}/$_2$ Zitrone · 2 Salatgurken · Salz
Pro Person etwa 715 Joule/170 Kalorien

● Zubereitungszeit: 45 Minuten
● Kühlzeit: etwa 2 Stunden

So wird's gemacht: Die Zwiebel schälen und grobhacken. Die Möhren schaben, waschen und in kleine Würfel schneiden. Die Petersilie waschen. • Das Öl in einer Kasserolle erhitzen, die Zwiebel und die Möhren darin anbraten, bis die Zwiebeln glasig sind. Den Weißwein zugießen, die Petersilie, die Gewürze und den Zitronensaft zugeben. Alles in der geschlossenen Kasserolle 10 Minuten bei mittlerer Hitze kochen lassen. • Die Gurken schälen, der Länge nach halbieren und die Kerne mit einem Löffel herausschaben. Die Gurkenhälften in etwa 3 cm große Würfel schneiden, in die Kasserolle legen und in 20 Minuten bei milder Hitze weichkochen. Die Gurken in der Marinade erkalten lassen. Vor dem Servieren mit Salz abschmecken.

Ratatouille

Der köstliche Gemüseeintopf aus Südfrankreich heißt frei übersetzt so viel wie »Fraß«. Ich bin sicher, daß dieser »Fraß« bald zu Ihren liebsten Sommergerichten gehören wird.

Zutaten für 6 Personen:
250 g Zwiebeln · 2 Knoblauchzehen · 500 g Tomaten · je 1 grüne, rote und gelbe Paprikaschote · 500 g Auberginen · 500 g Zucchini · 1/8 l Olivenöl · 1 Prise getrockneter Rosmarin · je 1 gestrichener Teel. getrockneter Thymian und Oregano · 1/2 Teel. getrocknetes Basilikum · 1/8 l trockener Weißwein · 1 gute Prise Zucker · Salz · Pfeffer · 1 Bund Petersilie

Pro Person etwa 1214 Joule/290 Kalorien

- Zubereitungszeit: 30 Minuten
- Garzeit: 40 Minuten

So wird's gemacht: Die Zwiebeln schälen und in dünne Scheiben schneiden. Die Knoblauchzehen schälen und sehr fein hacken. Die Tomaten überbrühen, häuten und halbieren. Die Paprikaschoten entkernen, waschen und in Ringe schneiden. Die Auberginen und die Zucchini waschen, abtrocknen und ungeschält in Scheiben schneiden, die Enden entfernen. • Das Öl in einem Schmortopf erhitzen, die Zwiebelscheiben darin glasig braten und nacheinander die Paprikaringe, die Auberginen- und Zucchinischeiben und die Tomaten einfüllen. Alles einige Minuten anschmoren. • Mit dem Knoblauch und den Kräutern würzen. Den Wein zugießen und den Eintopf etwa 40 Minuten bei schwacher Hitze kochen lassen. Dabei häufig umrühren. Zuletzt soll die Flüssigkeit fast eingekocht sein. • Die Ratatouille mit Salz und Pfeffer abschmecken. Die Petersilie waschen, trockentupfen, feinhacken und darüberstreuen. Heiß oder kalt servieren.

Griechische Zucchini

Zutaten für 4 Personen:
500 g Zucchini · 2 große Zwiebeln · 4 Tomaten · 2 Knoblauchzehen · 1 Bund Petersilie · je 1 Teel. getrockneter Thymian und Rosmarin · Salz · Pfeffer · 1/8 l Olivenöl · 3 Eßl. Semmelbrösel Für die Form: Olivenöl
Pro Person etwa 1530 Joule/365 Kalorien

- Zubereitungszeit: 20 Minuten
- Garzeit: 30–40 Minuten

So wird's gemacht: Die Zucchini waschen, abtrocknen, in 1 cm dicke Scheiben schneiden und die Enden entfernen. Die Zwiebeln schälen und in dünne Scheiben schneiden. Die Tomaten überbrühen, häuten und in nicht zu dünne Scheiben schneiden. Die Knoblauchzehen schälen und sehr fein hacken. Die Petersilie waschen, trockentupfen und grobhacken. • Den Backofen auf 200° vorheizen. Eine feuerfeste Form einölen. • Die Zucchini abwechselnd mit den Zwiebeln und den Tomaten in die Form schichten. Jede Schicht mit dem Knoblauch, der Petersilie, den getrockneten Kräutern und mit Salz und Pfeffer würzen. Das Gemüse mit dem Öl übergießen und mit Semmelbröseln bestreuen. • Die Form mit einem Deckel oder Alufolie bedecken und auf die mittlere Schiebeleiste des Ofens stellen. Das Gericht 30–40 Minuten schmoren lassen. Den Eintopf heiß, oder lauwarm, wie es in Griechenland üblich ist, oder kalt servieren.

Minestrone

Der beliebte italienische Gemüsetopf wird von Ort zu Ort verschieden zubereitet und meist mit »Pesto alla genovese« serviert. Jede Signora schwört auf ihr eigenes Familienrezept oder sie probiert neue Variationen mit frischen Gemüsen, die ihr auf dem Markt besonders zugesagt haben.

Zutaten für 4 Personen:
2 Zwiebeln · 2 Knoblauchzehen · 2 Möhren · 2 mittelgroße Zucchini · 1/2 kleine Sellerieknolle · 1/2 kleiner Wirsing · 200 g grüne Bohnen · 1/2 kleiner Blumenkohl · 3 Eßl. Olivenöl · 1 1/2 l heiße Fleischbrühe · 2 große Fleischtomaten · 150 g tiefgefrorene Erbsen · 1 Messerspitze getrockneter Oregano · 1 Prise getrocknetes Basilikum oder 4 frische gehackte Basilikumblätter · Salz · Pfeffer · 3 Eßl. Rotwein · 125 g Teigwaren (bereits gekocht) oder 125 g Reis (bereits gekocht) · eventuell geriebener Parmesankäse
Pro Person etwa 1050 Joule/250 Kalorien

● Zubereitungszeit: 1 Stunde und 10 Minuten

So wird's gemacht: Die Zwiebeln und die Knoblauchzehen schälen und feinhacken. Das Gemüse putzen, waschen und kleinschneiden. Den Blumenkohl in Röschen teilen. • Das Olivenöl in cinem großen Topf erhitzen und die Zwiebeln und den Knoblauch darin glasig braten. Das zerkleinerte Gemüse zugeben und unter Rühren 3 Minuten mitbraten. Die heiße Fleischbrühe auffüllen und alles 30 Minuten bei milder Hitze kochen lassen. • Die Tomaten überbrühen, häuten und achteln. Die Tomaten, die Erbsen und die Kräuter in

die Suppe geben, weitere 7 Minuten köcheln lassen. • Die Suppe mit Salz, Pfeffer und dem Rotwein abschmecken. Die Teigwaren oder den Reis zufügen und heiß werden lassen. Eventuell mit geriebenem Parmesan würzen.

Pesto alla Genovese

Die pikante italienische Sauce eignet sich nicht nur zum Würzen von Gemüsesuppen, sie schmeckt auch fein zu Teigwaren und Kartoffelgerichten.

Zutaten für 4 Personen:
2 Bund frisches Basilikum · 2 Knoblauchzehen · 4 Eßl. Pinienkerne · 4 Eßl. geriebener Parmesankäse · 5 Eßl. Olivenöl · Salz · Pfeffer
Pro Person etwa 1170 Joule/280 Kalorien

● Zubereitungszeit: 20 Minuten

So wird's gemacht: Das Basilikum waschen und trockentupfen. Die Blätter abzupfen und grobhacken. Die Knoblauchzehen schälen und mit den Pinienkernen feinhacken. • Alles in einem Mörser zu einer glatten Paste zerdrücken. Den Parmesankäse zufügen. • Das Öl löffelweise einfließen lassen und so lange rühren, bis die Sauce cremig ist. Nach Geschmack salzen und pfeffern.

Gärtnerinnentopf

Zutaten für 4 Personen:
2 große Zwiebeln · 100 g Champignons · 1 Stange Lauch · 1 kleine Sellerieknolle ·

500 g Wirsing · 4 Tomaten · 1 Eßl. Butter ·
3 Eßl. Öl · $^3/_4$ l Fleischbrühe · $^1/_2$ Bund Petersilie · 6 frische Basilikumblätter · Salz · weißer Pfeffer · 4 Eßl. trockener Weißwein
Pro Person etwa 860 Joule/205 Kalorien

● Zubereitungszeit: 20 Minuten
● Garzeit: 30 Minuten

So wird's gemacht: Die Zwiebeln schälen
und grobhacken. Die Champignons putzen,
waschen und in Scheiben schneiden. Das Gemüse putzen und waschen. Den Lauch in Ringe, den Sellerie in kleine Würfel und den Wirsing in feine Streifen schneiden. Die Tomaten
überbrühen, häuten und halbieren. • Die Butter und das Öl in einem Topf erhitzen, die
Zwiebeln und die Champignons darin unter
Rühren 4 Minuten anbraten. • Das Gemüse
zugeben und 2 Minuten mitschmoren lassen.
Die Fleischbrühe zugießen und die Tomaten
einlegen. Alles zugedeckt in 30 Minuten bei
schwacher Hitze garen. • Die Petersilie und
die Basilikumblätter waschen, trockentupfen
und feinhacken. Die Kräuter in den Eintopf
rühren, mit Salz, Pfeffer und dem Weißwein
abschmecken.

Thessalonischer Lauchtopf

Zutaten für 4 Personen:
500 g Lauch · Salz · 500 g Fleischtomaten ·
je 1 grüne, rote und gelbe Paprikaschote ·
3 Eßl. Olivenöl · 50 g Reis · $^1/_2$ Teel. Rosenpaprikapulver · Salz · weißer Pfeffer · Saft
von $^1/_2$ Zitrone
Pro Person etwa 840 Joule/200 Kalorien

● Zubereitungszeit: 1 Stunde

So wird's gemacht: Den Lauch putzen,
gründlich waschen und in etwa 5 cm lange
Stücke schneiden. Salzwasser zum Kochen
bringen und die Lauchstücke darin 5 Minuten
blanchieren. Den Lauch in einem Sieb abtropfen lassen. • Die Tomaten überbrühen,
häuten und in Scheiben schneiden. Die Paprikaschoten putzen, entkernen, waschen und in
feine Streifen schneiden. • Das Öl in einer
Kasserolle erhitzen und die Lauchstücke darin leicht anbraten, nicht braun werden lassen.
Den Reis einstreuen. Die Tomatenscheiben
und die Paprikastreifen einschichten, mit dem
Paprikapulver und kräftig mit Salz und Pfeffer
würzen. • Alles bei milder Hitze 20 Minuten
schmoren lassen. • Den Lauchtopf vor dem
Servieren mit dem Zitronensaft abschmecken.

Mein Tip Der Lauchtopf schmeckt
auch kalt sehr fein, besonders als Beilage zu gegrilltem Fleisch oder Fisch.

Küchenratgeber – die beliebten Spezialkochbücher der Sonderklasse.

Rezept- und Sachregister

Die *kursiv* gesetzten Seitenzahlen verweisen auf die Farbbilder